Rudi Ausflüge in den Alltag

Joachim Thiel

Rudi
Ausflüge in den Alltag

Von Arbeitslust bis Urlaubsfrust

© 2013 Joachim Thiel
Überarbeitete Neuauflage 2015

Herstellung:
BoD - Books on Demand, Norderstedt

ISBN: 9783738649109

Bibliografische Information der Deutschen Nationalbibliothek:
Die Deutsche Nationalbibliothek verzeichnet diese Publikation
in der Deutschen Nationalbibliografie; detaillierte bibliografische
Daten sind im Internet über www.dnb.de abrufbar.

Inhalt:

Ein Wort auf den Weg ... 7

Morgen-Grau(s)en	11	Spenden-Fluch(t)	67
Lauf-Duell	18	Rechnungs-Roulette	73
Techno-Frust	20	*Fliegen-Krieg*	76
Stau-Vergnügen	23	Pausen-Pirsch	81
Kunst-Objekt	29	Stunden-Poker	95
Schwimm-Schuh	33	*Wander-Wahn*	102
Blind-Date	39	Licht-Ringen	111
Outback-Ralley	42	Explosions-Gefahr	118
Küchen-Fee	46	Eimer-Ballett	123
Rodeo-Stuhl	50	*Kuschel-Monster*	131
Psycho-Schach	53	Papier-Reigen	139
Kontakt-Grill	58	Raubtier-Jagd	146
Drachen-Kampf	62	Sabotage-Sauger	151

Ein Wort auf den Weg zu Rudis Alltagsgeschichten:

„Wer ist denn Rudi?", mag der geneigte Leser sich am Kopf kratzend fragen, „muss man den Typ kennen?" Ein schlichtes „Nein" als Antwort böte sich an und damit hätten wir es alle einfacher. Ein kurz entschlossenes Umblättern zur Seite 11 und schon stünden wir als unsichtbare Beobachter in Rudis Leben - genauer gesagt, in seinem Schlafzimmer!

Allein, die Angelegenheit erscheint, bei näherer Betrachtung, doch ein wenig verwickelter. Rudi besitzt bisher keine individuellen Züge, er ist gewissermaßen noch ein unbeschriebenes Blatt.

Der geneigte Leser wird ihn anhand des Gelesenen ganz unvermeidlich erschaffen. Er kann ihm ein Gesicht schenken, sein Alter zuteilen und ihm die Schuhe aussuchen. Jeder Leser wird seinen ureigenen Rudi ins Leben rufen. Darin liegt die Magie dieser und aller beschreibenden Worte.

Aus eben diesem Grund ist es auch nicht gänzlich ohne Bedeutung, wie intensiv der Leser sich auf das Buch einlässt. Der eben mal schnell Querlesende wird manches verpassen und es empfiehlt sich wohl auch, die Episoden nur in Portionen zu genießen.

Wir, als Schöpfer Rudis, kennen wir ihn? Wen kennen wir überhaupt? Natürlich uns selbst … oder nicht einmal das? Doch ich bin auf dem besten Weg, mich im philosophischen Unterholz zu verheddern und lotse den Leser auf ein falsches Gleis. Darum stopfe ich nun, kurzerhand und ungehemmt, unseren Rudi in die Schublade mit der Aufschrift *Durchschnitts-Mensch* und denke mir dabei:

„Vielleicht sind wir ja alle ein bisschen Rudi!"

Die Geschichten sind schlicht und einfach gehalten

und sie können uns dahin führen, auch die komischen Seiten unseres Alltags zu sehen. Rudi zeigt uns, dass sich auch in dem banalsten Geschehen noch ein Lachen versteckt halten kann. Ebenso mögen auch die alltäglichen kleinen Widrigkeiten etwas Spaßiges in sich tragen. Es kommt oft nur auf den Blickwinkel an.

Im Kern basieren die Geschehnisse auf echtem Erleben, wie verschoben die Wahrnehmung oder wie grotesk manche Schilderung auch erscheinen mag. Ein Ähnliches gilt für die handelnden Personen. Auch diese sind der Wirklichkeit entlehnt. Allerdings habe ich sie verändert, überzeichnet und mit frei erfundenen Verhaltensweisen und Charaktereigenschaften ausgestattet. Es ist mir sehr wichtig, darauf hinzuweisen und ich hoffe, niemand fühlt sich durch die Rudi-Geschichten verunglimpft.

Dass hier nur der Leser und nicht die Leserin angesprochen wird, liegt übrigens keineswegs an einer mangelnden Wertschätzung der weiblichen Leserschaft. Vielmehr liegt es ausschließlich an der sonst kaum zumutbaren Lesbarkeit derartiger Texte. Auch die gewählte Form gemischter Episoden soll zur Entspannung des Lesers beitragen.

Darüber hinaus trägt dieses Buch kein Verfallsdatum, ist durchaus wiederverwendbar und nicht einmal verschreibungspflichtig. Sollten während des Lesens Symptome, wie ausgiebiges Gähnen, häufiges Augenzufallen und wiederholtes Einnicken auftreten, muss dies sich nicht zwangsläufig auf die Lektüre beziehen. Vielleicht sollten Betroffene zunächst Ihren Lebenswandel oder Ihre Schlafgewohnheiten überdenken.

Alternativ können Sie dieses Buch natürlich auch bedenkenlos als Einschlafhilfe verwenden.

Andererseits hoffe und wünsche ich jedem Leser, sich

von Rudi zum Lachen verführen zu lassen - ist doch echtes Lachen nachweislich gesundheitsfördernd.

In diesem Sinne
Joachim Thiel

Morgen-Grau(s)en

Die Nacht hat sich durch das Ablegen ihres dunkelgrauen Mantels längst schon in den Tag gerettet. Auch das gefiederte Orchester gab sein allmorgendliches Begrüßungsständchen an das wieder erwachende Licht bereits zum Besten. Und während die frühen Musikanten munter und emsig ihren täglichen Verrichtungen nachflattern, enthüllt milder Sonnenschein das frühherbstlich warm gefärbte Laub der Bäume und Sträucher.

Die roten Leuchtziffern in Rudis abgedunkeltem Schlafzimmer haben sich auf 6:45 Uhr vorgearbeitet. Der Wecker gibt ein dezentes Piepen von sich. Rudi erwacht mit dem Gedanken an seine betriebliche Arbeitszeitregelung. Für ihn gilt nämlich Gleitzeit und daher braucht er erst um 8:30 Uhr im Büro zu sein.

Also wälzt er sich schlaftrunken auf die andere Seite, um dort sofort wieder einzudösen. Seine Schläfrigkeit ist wenig verwunderlich, hat er doch wieder die halbe Nacht vor dem Computer gehockt und Schlafen im Sitzen geübt.

Nach einer kurzen Schonzeit meldet sich der Wecker erneut, nur deutlich lauter als zuvor.

Rudi hatte sich zwar vorgenommen, heute pünktlich aufzustehen, aber er findet es einfach zu gemütlich im Bett. Außerdem war da doch gerade noch so ein angenehmer Traum. Worum ging es nur gleich noch?

Den schwindenden Spuren seines Traums nachspürend dämmert er bereits wieder davon.

Der Wecker wird jetzt allmählich aufdringlich. Sein Schrillen hat etwas unterschwellig Aggressives an sich.

Rudi befindet sich in einem merkwürdigen Zustand. Er streift durch dieses Niemandsland, das irgendwo zwischen Schlaf und Wachsein angesiedelt ist. Ihm scheint dies eine sehr angenehme Befindlichkeit, die er auch gar nicht verändern möchte.

Doch da klingelt es mit erheblich gesteigerter Lautstärke erneut und zerrt ihn erbarmungslos über die Grenze ins Wachsein zurück.

Rudi erwägt nun, Gegenmaßnahmen zu ergreifen, bevor diese „Nerven-Dehn-Maschine" ihm womöglich noch, mit dem Signalton eines durch das Zimmer rasenden Intercity, das Trommelfell wegpustet. Im Halbschlaf tastet er mit einer Hand auf der Suche nach dem Folterinstrument die Umgebung ab.

Der Wecker seinerseits schafft es erstaunlicherweise nicht nur den suchenden Fingern immer wieder geschickt auszuweichen, sondern er ist anscheinend auch entschlossen, jetzt alles zu geben. Er kräht mit gefühlten hundert Dezibel los, schüttelt sich dabei ekstatisch und tanzt von einem Bein aufs andere. Dabei schafft er es tatsächlich, im Kreis über den Nachttisch zu wandern. In vorbildlicher Erfüllung seiner weckereigenen Pflicht piept, scheppert und rasselt er nun derartig, dass Rudi hektisch herumfuhrwerkt, um diesen Störenfried endlich zu erwischen.

Ohne bewusste Absicht fegt er dabei mit der Handkante etwas vom Nachtkasten und es folgt ein hässlich splitterndes Geräusch! Danach breitet sich eine wundervoll tiefe Stille aus und Rudi sinkt erleichtert in seine Federn und, nicht viel später, in seine Träume zurück.

Bis der Wecker schrillt – unbeeindruckt, zäh und gnadenlos!

Rudi fährt erschreckt hoch und schaut auf die Digitalanzeige, die 7:00 Uhr anzeigt. „Moment!" Rudi versucht, seine Neuronen zu ordnen und die Verwirrung abzuschütteln. „Wie kann der Wecker denn …?" Sein suchender Blick wandert über den Nachtschrank. Durch konzentriertes Nachdenken erlangt er schließlich Klarheit. Es fehlt seine innig geliebte Tischleuchte. Ein zweiter Blick, dieses Mal über die Bettkante, offenbart ihm das ganze Ausmaß der Tragödie. Da liegt seine Lampe, in Einzelteilen und Scherben-Stücken über den gefliesten Boden verstreut.

Dieser Anblick erfüllt Rudi zwar mit Wehmut, aber eingedenk des Ratschlags einer guten Freundin, sucht er auch hierin noch das Positive zu entdecken.

Na schön, er wollte dieses Hobby schon lange einmal ausprobiert haben, und nun ist die Gelegenheit gegeben. "Okay, dann wird es jetzt halt eine Tiffanylampe", denkt er sich.

Mittlerweile befindet sich Rudi in einem Zustand, den man mit etwas gutem Willen als wach-ähnlich definieren könnte. Und da es nun auch schon spät geworden ist, schwingt er sich behände wie ein Koala aus dem Bett - wobei Koalas wohl eher nicht ächzen und schnaufen.

Während seine Füße vorsichtig zwischen den Lampenresten nach den Hausschuhen tasten, versucht sein noch schlaftrunkener Kopf sich zu erinnern, wo er die Dusche zuletzt gesehen hat. Dabei bräuchte er doch nur dem anhaltenden Gekicher und dem Föhn übertönenden Gelächter seiner beiden weiblichen Familienmitglieder, die inzwischen das Badezimmer bevölkern, zu folgen. Doch das Bad zu benutzen liegt im Augenblick ohnehin völlig außerhalb des Möglichen!

Einige Zeit später steht er dann doch, selbstredend bei Weich-Ei-Temperatur, leise summend unter der Dusche. Da fliegt plötzlich die Tür auf und seine Tochter Lissy stürzt, Rudis klingelndes Diensthandy in der Hand, herein! Bevor er überhaupt eine bewusste Reaktion zeigen kann, hat sie ihm das Telefon zugeworfen und ist schon wieder auf und davon.

Rudi versucht das Display des schnell weit von sich gestreckten Handys zu entziffern, aber wer geht schon mit Brille unter die Dusche? Da bleibt nur eins, das Gespräch annehmen und hoffen, dass es nicht allzu schlimm wird.

Doch genau das wird es, nur schlimmer!

"Rudi, Sie müssen sofort in mein Büro kommen, hier läuft das Wasser aus der Decke!", schrillt es aus dem Hörer. „Was kann ich dagegen unternehmen? Rudi, beeilen Sie sich bloß"! Die Stimme transportiert eindeutig Panik.

In dieser Situation kommen Rudis langjährige Erfahrung und Abgeklärtheit als Haustechniker zum Zuge. Er lässt sich von der Panik keineswegs anstecken, sondern handelt zielgerichtet und weitgehend gelassen.

Er erklärt dem Telefon in Kürze vor Ort zu sein und gibt noch ein paar nützliche Hinweise wie: „Stellt doch einen Eimer drunter." Oder: „Dreht die Wasserabsperrung zu."

Trotzdem gilt es jetzt, schnellstmöglich im Büro aufzutauchen. Schließlich birgt so ein Rohrbruch nicht nur ein hohes Schadenspotenzial, er verunsichert auch die Arbeitskollegen in erheblichem Maß. Allein die Anwesenheit Rudis trägt da - psychotherapeutisch betrachtet - zur Entspannung bei. Hauptsache, es ist jemand vor Ort, der Verantwortung übernimmt.

Nach dem hastigen Abrubbeln steht Rudi nun, mit den Gedanken schon bei seinem Rohrbruch, vor dem Spiegelschrank. Er drückt beinahe gelassen Rasiergel auf seine Zahnbürste und gibt dann ordentlich Gas, bis ihm reichlich Schaumblasen aus dem Mund quellen.

Jetzt schnell noch etwas Haarwasser in die Achselhöhlen verteilt, einen Streifen Zahnpasta in Haar und Kopfhaut einmassiert und schon sitzt die Frisur. Damit ist er dann auch im Bad bereits fertig und eilt an der offenen Wohnzimmertür vorüber zum Kleiderschrank. Ein spitzes „Ooh" erklingt, und als er erneut um die Ecke zum Wohnzimmer biegt – dieses Mal sogar bekleidet – sitzt dort Ellas Freundin Petra.

Ein kurzes „Hallo" muss ihr heute reichen, denkt sich Rudi und ruft ihr im vorbei Flitzen nur einen knappen Gruß zu. Nebenher rafft er schnell noch die wichtigsten Utensilien für seinen Arbeitstag zusammen: das Frühstücksbrot seiner Tochter, das Handy seiner Frau und den Schlüsselbund von Petra!

Er investiert noch ein kurzes „Bin dann mal weg", das er jedoch eher ungerichtet in die Wohnung hinein ruft, da er Ellas momentanen Aufenthaltsort nur vermuten kann. Aber heute bleibt für Höflichkeiten wahrhaftig keine Zeit. Er zieht die Wohnungstür klappend hinter sich ins Schloss und hastet, die Stufen im Doppelpack nehmend, die Treppe hinunter.

Und schon ist er auf dem Weg zur Arbeit!

Allerdings taucht er kaum 3 Minuten später - Sturm klingelnd - wieder vor der Haustür auf. Bereits das Durchwaten der ersten Regenpfütze ließ in Rudi nämlich begründete Zweifel an der Out Door - Eignung seiner Hausschlappen aufkeimen. Außerdem stellten sich Petras Schlüssel als echte Fehlbesetzung für

Rudis Haustürzylinder heraus.

Zurück im heimischen Flur müht er sich hastig, seine feuchten Füße in ein Paar trockene Schuhe hinein zu zwängen. Plötzlich hört er sein Handy klingeln. Erstaunlicherweise dringt das Geräusch aus dem Badezimmer. Rudi erkennt sein Mobil-Telefon direkt an dem Klingelton, denn er hat sich "Paint It Black" von den Rolling Stones selber aufgespielt und eingerichtet. Ebenso wie weitere individuelle Klingelzeichen für unterschiedliche Anrufer.

Ohne viel Aufhebens hat Rudi inzwischen den Schlüssel- und Telefonaustausch vollzogen. Nebenbei hat er die Handy-Botschaft, der sechste Eimer sei bereits gefüllt, entgegengenommen. Er startet zum zweiten Mal durch.

„Jetzt aber hurtig", motiviert er sich selbst und hüpft die Treppe abwärts. Um Zeit zu sparen, nimmt er erneut immer zwei Stufen gleichzeitig.

Genau in diesem Augenblick meint das Handy, es sei sicherer, sich noch einmal in Erinnerung zu rufen. Dazu sondert es diesmal ein lautes Schrillen ab. Der Erfolg ist schlicht umwerfend. Zusammenzuckend verliert Rudi nämlich seinen Rhythmus, rutscht mit dem Fuß über eine Trittkante und nimmt nun nicht mehr zwei Stufen auf einmal, sondern irgendwie zweieinhalb, dann dreieinviertel und den Rest der Treppe - unter ziemlichem Getöse – abwärts kugelnd an einem Stück!

Einige Zeit später hat er sich soweit erholt, dass er seine Aktentasche mit den im Treppenhaus verstreuten Notizzetteln und einigen herumliegenden Butterbroten neu befüllen kann.

Der Notarzt ist inzwischen auch wieder gegangen!

„Nun aber schnell", motiviert Rudi sich erneut und startet den dritten Versuch, sich auf den Weg zur Arbeit zu begeben.

Lauf-Duell

Rudi hat es tatsächlich geschafft. Allen Widerständen zum Trotz ist er unterwegs zu seiner Arbeitsstelle. Der Weg ist in zehn Minuten zu bewältigen und heute hat er es besonders eilig! Aber liegt es nun an dem Druck, mit einer daraus resultierenden Muskel-Verspannung, oder gibt es noch andere Gründe? Was Rudi zu diesem Zeitpunkt nicht ahnt, ist die, noch einige Monate in der Zukunft auf ihn lauernde Diagnose einer üblen Erkrankung, die sich hinter dem harmlos klingenden Namen "Parkinson" verbirgt. Er bemerkt einfach nur, nicht wie gewohnt voranzukommen.

Soeben überholt ihn, in halsbrecherischem Tempo und mit quietschenden Reifen, ein Rollstuhlfahrer.

„Nun gut", sinniert Rudi weiter, „meine jüngste Treppenbenutzung entsprach nicht gerade der schonendsten Methode, dazu kommt dieses oft schmerzende Arthrosegelenk sowie ein zerbröselter Meniskus - oder waren es zwei?"

Aber diese Erkenntnis hilft ihm momentan auch nicht weiter. Verbissen bemüht er sich seine Geschwindigkeit zu steigern, doch nun zieht auch noch ein Kinderwagen, mit daran hängender Mutter, an ihm vorbei.

Um wenigstens den Anschluss an den Kinderwagen nicht abreißen zu lassen, legt er nochmals nach.

Der Kinderwagen-Inhalt applaudiert begeistert und winkt dem allmählich zurückfallenden Rudi mit fröhlichem Krähen zu.

Der kämpft inzwischen mit ersten Seitenstichen, aber er versucht trotzdem das Tempo mitzugehen und holt darüber hinaus jetzt sogar ein wenig auf.

Das vergnügte Kleinkind reagiert sportlich und unterstützt seine Mutter, indem es einigen Ballast an Kissen und Decken abwirft. Als Nächstes kommt es auf die spontane Idee, Rudis Reflexe zu testen, indem es ihm seinen Schnuller zu wirft. Doch leider besteht Rudi den Test nicht. Er greift daneben und der Schnuller landet auf dem Boden. Aber anstatt dort liegen zu bleiben, rutscht er, vermutlich aufgrund der guten Einspeichelung, weiter über die Gehwegplatten, kippt gemächlich über die Bordsteinkante und verabschiedet sich zielgenau in den Gully.

Ein älterer Herr steppt, vor sich hin pfeifend, auf

seinen Rollator gestützt, vorüber.

Das Kind schreit verständlicherweise los, und die Mutter schimpft in einer Rudi unbekannten aber irgendwie bedrohlich klingenden Sprache lauthals auf es ein.

Rudi befürchtet internationale Verwicklungen und versucht sich schleunigst davon zu machen. Während die Mutter angestrengt in den Gully starrt, brüllt das Kleinkind anklagend hinter Rudi her.

Eine gebeugt am Stock gehende ältere Dame stakst unter missbilligendem Kopfschütteln mühelos an ihm vorbei.

Glücklicherweise ist das Geschäfts- und Bürohaus in dem Rudi arbeitet jetzt bereits in Sicht und er aktiviert die letzten Reserven für den Endspurt.

[Dass zwei Weinbergschnecken angeregt plaudernd neben ihm her kriechen, obwohl er sich mit Höchstgeschwindigkeit bewegt, während sich auf seiner anderen Seite eine griechische Landschildkröte vorbei schiebt, ist nun aber wirklich nur Rudis Einbildungskraft geschuldet.]

Techno-Frust

Endlich betritt Rudi mit einem leicht flauen Gefühl im Magen das Gebäude. Diese Rohrbrüche sind eine echte Stress-Quelle. Anscheinend wurde für die

Hauswasserleitungen eine „Kupfer-Schweizer-Käse-Legierung" verbaut – eine sehr löchrige Angelegenheit eben.

In diesem Augenblick hört er das typisch schleifende Geräusch der sich schließenden Aufzugtür. Um zu verhindern, dass ihm die Lift-Kabine direkt vor der Nase davon fährt, sprintet er über den Flur und schiebt blitzschnell seine Hand in den kaum noch vorhandenen Spalt. Auf diese Weise lässt sich die Schiebetür zum Auffahren zwingen.

Selbstverständlich weiß er, dass dabei gar nichts passieren kann, da es eine umlaufende Lichtschranke gibt, die ein Einklemmen nicht zulässt. Schließlich hat er selbst den Einbau dieser Sicherheitseinrichtung veranlasst und die Installation durch die angesehene Aufzugs-Fach-Firma Klaus Trofoby eigenen Auges überwacht. Zusätzlich wird die Kabinentür dahin gehend gesteuert, dass sie bei einem Einklemmen von Personen oder Gegenständen direkt wieder auffährt.

Überhaupt besitzt so eine Aufzugsanlage eine bemerkenswerte Ansammlung von Sicherheitseinrichtungen. Da ist ein Unfall so gut wie ausgeschlossen!

Möglicherweise macht die Lichtschranke allerdings gerade Frühstückspause oder die Kabinentür hat eine wichtige Verabredung und es daher heute besonders eilig? Jedenfalls hat Rudi die größten Schwierigkeiten, seine gequetschte Hand aus der geschlossenen Schiebetür zu zerren, bevor der Aufzug abfährt und womöglich …

„Quatsch!", denkt er, „Es kann ja gar nichts passieren, denn technisch gesehen ist alles mehrfach abgesichert - theoretisch zumindest."

Rudi mustert seine bereits violett anlaufenden Finger und verzichtet lieber auf den Aufzug. Er flitzt die Treppe hinauf in die 2. Etage. Dort angekommen eilt er in sein Büro, stopft das Butterbrot in die Schreibtischschublade und drapiert eine Banane malerisch daneben. Jetzt wird noch schnell der PC eingeschaltet und auf geht es zum Katastrophenherd.

Unterwegs registriert er die ungewöhnliche Zurückhaltung seines Handys. Er bemüht sich, es aus der an sich groß genug dimensionierten Tasche seiner Worker-Hose zu klauben. Schließlich gelingt es ihm, obwohl der Klettverschluss den größtmöglichen Widerstand leistet, das sich festklammernde Telefon aus der Tasche zu zerren.

Tatsächlich, das Mobilheim der Rolling Stones hat sich ausgeschaltet. Das macht Rudis Handy manchmal selbsttätig. Ebenso, wie es hin und wieder eine Nachricht erst Tage später bekannt gibt – mit Vorliebe dann aber nachts um 3:00 Uhr!

Glücklicherweise fällt ihm ausnahmsweise die Pin-Nummer auf Anhieb ein, und der Apparat erwacht zu neuem Leben. Er beweist dies auch unverzüglich durch fortgesetztes schrilles Piepsen, und das Display meldet sechzehn im Speicher versammelte Anrufe!

Rudi stöhnt gequält auf. Das bedeutet sechzehn Mal über das Menü reingehen, den Text aufrufen, die Ansage abhören und eventuell die Mailbox abfragen, und anschließend das Ganze löschen. Diese Aktion würde ihn locker eine Viertelstunde beschäftigen. Er steckt das Telefon kurzerhand zurück in die Tasche und wappnet sich mental für das Kommende.

Stau-Vergnügen

Am Anfang dieser Hommage an einen Bauernhof steht eine durchaus demokratische Entscheidung.
Rudi, seine holde Gattin Ella und seine wohlgeratene Tochter Lissy sitzen am sonntäglichen Frühstücks-Tisch. Die frischen Brötchen finden jedoch nicht den gewohnten Zuspruch, denn die Familie ist intensiv damit beschäftigt, sich auf das diesjährige Ferienziel zu einigen.
Im Vorfeld wurden schon einige Vorschläge diskutiert und verworfen, weil es sich meist um Urlaubs-Varianten handelte, die um die Themen: Reiten, Bauernhof und Meer kreisten. Da schon ihre letzten drei Urlaube genau in dieses Schema passten, hat sich Rudi über die demokratische Abstimmung hinaus ein Veto-Recht vorbehalten.
Trotzdem hegt er den - nicht nur diffusen - Verdacht, seine Reit-, Tier- und Matschbegeisterten

Frauen könnten einen Urlaub, so unter dem Stichwort *küstennahe Reitmöglichkeit* anvisieren. Rudi liebt eher Berge und Wälder. Seine Naturverbundenheit äußert sich auch in seinem Herz für Tiere.

Doch mit Angehörigen einer Spezies, die sich durch ein auf dem Weg liegendes, buntes Bonbon-Papier in heillose Panik versetzen lassen, kann er nicht viel anfangen. Wenn dieses Tier dann noch locker 600 Kg auf die Waage bringt und mit vier eisenbeschlagenen Hufen gezielt auszukeilen versteht, wird es ihm unheimlich.

Und „Küstennähe" ist für Rudi nur ein vertuschender Ausdruck für *ständigen Wind und dauernden Regen*. Schließlich hat er zwölf Jahre in Kiel, einem nordöstlichen Vorort Hamburgs, gelebt und weiß, wovon er spricht. Aus diesen Gründen hat er sich wirklich Mühe gegeben, ungewöhnliche und interessante Urlaubs-Alternativen ausfindig zu machen.

Rudi hat folgende touristische Vorschläge eingereicht:

Sieben Nächte zelten auf dem Friedhof von
Voodou-Ville, zum Preis von nur fünf Tagen.
Psychische Betreuung separat buchbar.
(Horrible Holidays)

Wandern durch das naturbelassene Blasenmoor.
Kosten sind vor Wanderbeginn vollständig zu

entrichten.
(One Way Tours)

Schmachten im Original-Burgverlies, inklusive zeitgenössischer Verpflegung und Probefolter.
(Nightmare Travels)

Aber seine Anregungen stoßen auf keine echte Begeisterung und die Abstimmung erteilte Rudis Ideen eine deutliche Abfuhr. Er hatte allerdings noch eine zugegeben sehr kostspielige Variante in petto:

Drei Tage in Abu Sabber, Leben wie ein Scheich in einer Drei-Etagen-Traumvilla mit angeschlossenem Casino und integriertem Night Club! Helikopter-Rundflug ebenso inklusive, wie die freie und un-eingeschränkte Nutzung eines Original-Harems!
(Fat-Money-Journey)

Eine vage Ahnung von drohendem Unheil bringt ihn allerdings dazu, diesen Vorschlag besser für sich zu behalten.
Rudi gewinnt den Eindruck, nur eine völlig neue Idee kann sie jetzt noch weiterbringen. Da sie an die Schulferien gebunden sind, es möglichst eine Reitgelegenheit in der Nähe geben sollte, eine Flugreise wegen Ellas Höhenangst nicht infrage kommt, aber Natur, Meer und Sonnenwetter

erwünscht sind, entschließen sie sich für einen Urlaub im Norden Deutschlands!

„Nun gut", denkt Rudi sich, „warum nicht ein Bauernhof-Urlaub in 4. Auflage, mittendrin im Schlimmsten-Holstein, damit der Regen uns von beiden Küsten gleich gut erreichen kann."

Dass er dafür fast 600 km fahren muss, stört ihn auch nicht übermäßig, schließlich wird er nicht allein unterwegs sein. Vermutlich wird sich auf den Autobahnen noch so manche Gelegenheit für interessante Gespräche ergeben.

Schneller als erwartet rückt der Urlaubstermin heran. Rudi legt sich ins Zeug und trifft die letzten Reise-Vorbereitungen.

Nachdem er alle ungenutzten Sitze ihres SUV ausgebaut und den so gewonnenen Platz mit Regenjacken, Gummistiefeln, Schirmen und dem bisherigen Gesamtinhalt eines Einzelhandel-Geschäfts voll gestopft hat, soll es laut Planung im frühen Morgengrauen losgehen.

Am nächsten Tag, die Chronometer behaupten hartnäckig es sei nach 11:00 Uhr, lassen sie ihre Autobahnauffahrt hinter sich. Zu ihrem nicht geringen Erstaunen ist kaum ein Fahrzeug unterwegs. Genau genommen kann Rudi sich nicht erinnern, wann er diese Autobahn das letzte Mal derart leer erleben durfte.

Dabei haben die Verkehrsdienste für den heutigen

Tag reichlich Staus vorhergesagt. Denkbar wäre ja auch eine Vollsperrung, die schon vor ihrer Autobahn-Auffahrt liegt, aber der Verkehrsfunk scheint davon nichts zu wissen.

Obwohl das, nach Rudis Erfahrung, auch nicht viel besagt. Zu oft fand er sich in Kilometer langen Staus wieder, die sich im Verkehrsfunk erst Stunden später bildeten. Oder er wollte wissentlich, in Ermangelung von Alternativen, in einen Stau hineinfahren. Doch er fuhr Kilometer für Kilometer, ohne eine Spur von diesem Geister-Stau entdecken zu können. Laut Verkehrsfunk wuchs dieser ominöse Stau zwischenzeitlich beständig an.

Solche Merkwürdigkeiten haben Rudi zu der Frage geführt, ob es unbemerkte Zeitanomalien geben mag oder ob sein Radio, aus unerklärlichen Gründen, auf den Verkehrsfunk einer benachbarten Parallelwelt justiert sein könnte? Aber heute scheint das ja ohne jeden Belang zu sein.

Rudi & Family haben Urlaub, die Sonne lächelt auf sie herab, und so fahren sie in stetig steigender Laune, nur hin und wieder über die erstaunlich ungenutzte Autobahn rätselnd, die ersten 300 km fröhlich dahin.

Die folgenden 200 km zeigen den Grund für die freie Strecke: Die anderen 30.000 Urlauber sind einfach früher gestartet. Irgendein sozialer Instinkt hat sie jedoch dazu verleitet, dann doch auf Rudi &

Family zu warten. Bedauerlicherweise scheinen die meisten von ihnen inzwischen das Interesse am Autofahren gänzlich verloren zu haben.

Also gönnt man sich, in bester Urlaubslaune, ein paar schöne Stunden auf der Autobahn. Einige sitzen bereits im strahlenden Sonnenschein und genießen entspannt ihre Ferien. Die aktiveren Zeitgenossen spielen zwischen Reisebund Cabrio Federball oder leichtsinnigerweise Fußball auf dem Standstreifen. Auch der Austausch von Lebensgeschichten besitzt einen hohen Unterhaltungswert und wird fleißig genutzt. Da die Mehrzahl der A7-Event-Teilnehmer sich eigentlich auf dem Weg in den Urlaub befindet, hat man alles Nötige griffbereit, was die Autobahn im Handumdrehen in ein Freizeit- und Vergnügungs-Gelände verwandelt. Campingtische und Klappstühle werden aufgebaut, Proviant ausgepackt und Getränke herum gereicht. Die ausgelassene Stimmung fördert die Bereitschaft, sich auf Kontakte zu Mitmenschen, denen man sonst vermutlich nie begegnet wäre, einzulassen. Da scherzen Business-Typen mit den Mitgliedern einer Motorradgang und der arbeitslose Hauptschüler bringt den Kernphysiker mit seinen Sprüchen zum Lachen, während die Reggae-Truppe den Konservatoriums-Geiger zum Mitspielen auffordert.

Und es kommt garantiert niemand, um Kurtaxe oder Ähnliches einzutreiben. Einzig die viertelstündlich stattfindende Weiterbewegung der Fahrzeuge um einige Meter stört die Idylle ein wenig.

Aber irgendwann rollt der blecherne Lindwurm dann ja doch weiter, und so ergibt sich die erfreuliche Gelegenheit, die neuen Bekannten bereits an dem nächsten Rasthof wieder zu treffen. In den rund 30 Meter langen WC-Warteschlangen stehend, gibt es genügend Muße, die letzten Details der Lebensberichte aufzudecken und die neuen Bekanntschaften zu vertiefen. Rudi hätte ein Vermögen machen können, wäre er rechtzeitig auf die Idee gekommen, sich Sticker, mit dem Spruch:

„Ich mach mal blau – ich fahr in Stau",
mit Datum und Adressfeld innen (für die frisch gewonnenen Freunde), anfertigen zu lassen und für drei Euro das Stück zu verkaufen.

Mit etwas Glück hätte dies der Verkaufsschlager der Saison werden können!

Kunst-Objekt

Rudi hat es, trotz einiger Widrigkeiten, also doch geschafft, sich zu seiner Firma und dem betroffenen Büro durchzukämpfen. Jetzt trennt ihn nur noch eine Tür vom Katastrophenherd. Die Schaulustigen haben sich erfreulicherweise inzwischen verlaufen. Er schließt kurz die Augen und atmet noch einmal tief durch.

Um direkt Souveränität auszustrahlen, öffnet er schwungvoll die Bürotür und rammt diese einem der Firmen-Geschäftsführer in den Rücken.

Die Schaulustigen haben sich offensichtlich keineswegs verlaufen, sie bevölkern vielmehr das Zimmer. Eine undeutliche Entschuldigung murmelnd, hilft Rudi seinem Opfer zurück auf die Füße. Schließlich ist er auch als Ersthelfer ausgebildet. Nebenher schaut er sich bereits unauffällig in dem Raum um.

Die Büros sind mit einer abgehängten Decke ausgestattet und darüber verlaufen eine ganze Menge Versorgungsleitungen. Ist eine Leitung undicht, tropft die Flüssigkeit zunächst auf die 65 cm² großen Mineralfaserplatten der Decke. Das bedeutet, sie sättigen sich mit Feuchtigkeit, quellen auf, hängen zunehmend durch und fallen schließlich als matschige, Gips ähnliche Masse herab.

In diesem Fall ist eine solche Platte direkt auf die PC-Tastatur und den Monitor geklatscht. Das sieht echt gelungen aus. Es wirkt direkt künstlerisch, wie sich die Pampe, die Konturen nachbildend, über die Tastatur und den Monitor gestülpt hat. Ein fast voller Eimer steht daneben, in dem regelmäßig, klackend ein Tropfen landet. Auf dem Schreibtisch sieht es sonst ziemlich unappetitlich aus, denn überall verteilen sich kleine Pfützen und Mineralmatsch-Spritzer auf der Arbeitsfläche.

Im Moment wird ordentlich Dampf abgelassen und das aufgeregte Stimmengewirr wird von einzelnen Wortfetzen wie: „... mich trifft der Schlag!" ... „meine Migräne" ... „doch wohl kein Abwasser?"... „verklagen", übertönt. Besonders die Büro-Eignerin, Frau Noplan, dreht nun richtig auf und hält einen Vortrag über Arbeitserschwernisse und andere Lebenskrisen. Ihre Tiraden scheinen immerhin einige Kollegen in den Bann zu schlagen.

Rudi hört, um der Wahrheit die Ehre zu geben, kaum hin. Ihn bannt im Augenblick eine andere Idee. Er weiß aus Erfahrung, dass die Wasserleitungen gut isoliert sind und das Wasser daher nicht unbedingt nur an der Leckstelle austreten muss. Es ist durchaus möglich, dass das Wasser zwischen dem Rohr und der Isolierung entlang kriecht, bis es einen Weg durch die Isolation findet.

Er mustert inzwischen die übrige Decke und tatsächlich, da wölbt sich bereits eine weitere Platte, in mehr als bedenklicher Weise, herab. Oh, nein, doch nicht genau über ...

„Frau Noplan! Hallo, Frau Noplan! Achtung!"

Rudi versucht, sich aus der zweiten Zuschauerreihe Gehör zu verschaffen und hüpft armwedelnd auf der Stelle herum.

Aber die Dame hat, hier und heute, endlich eine Bühne und ihr Publikum gefunden. Diesen Auftritt will sie sich verständlicherweise nicht verderben lassen.

Und in der Tat, es wird eine einmalige, unvergessliche Darbietung!

Das Handy versucht sich mit „Paint It Black" ins Geschehen einzuschalten, doch Rudis Gehirn befindet sich in einer Art „Slow-Motion-Modus", aus dem es momentan kein Entkommen für ihn gibt. Fasziniert beobachtet er, wie die vollgesogene Deckenplatte sich in majestätischer Langsamkeit aus ihrer Halterung löst. In der Mitte wölbt sich eine Ausstülpung hervor und die Ränder schwingen ein wenig Auf und Ab. Der Anblick erinnert Rudi an einen Rochen, der sich am Meeresgrund niederlässt. Gleichzeitig erklingt ein leise seufzendes Geräusch und kurz darauf ein eher laut Schmatzendes. Die Ausformung landet genau mittig auf Frau Noplans aufgestylter Frisur. Dann faltet sie sich zur Glockenform um und die Ränder schwingen nach unten. Das ästhetische Bild wird nur durch die abreißenden Brocken und die davon spritzenden Fetzen getrübt.

Frau Noplan trägt, vom Ausschnitt aufwärts ihre eigene Büste im Rohzustand!

Alle stehen wie erstarrt, nicht einer atmet – noch nicht einmal Rudis Handy stört die vollkommene Stille.

Atmen! Langsam frisst sich dieser Gedanke durch Rudis betäubtes Gehirn. Er fragt sich entsetzt, ob die Ärmste unter ihrer Kopfumhüllung überhaupt Luft bekommt. Darum zögert er nicht länger, sondern drängt sich rücksichtslos durch die nicht vorhandene

Lücke und stürzt sich auf die zur Salzsäule erstarrte Frau. Hektisch schiebt, klaubt und wischt er ihr die zähe Masse vom Gesicht und aus den Haaren. Dass der kümmerliche Rest der mittlerweile zur „Drop-Down-Frisur" mutierten Haarpracht dabei völlig außer Kontrolle gerät, nimmt er billigend in Kauf.

Genauso wenig interessiert es ihn, dass er dadurch die Lücken im Dekolleté der Ärmsten gründlich mit Matsch-Brocken verfüllt.

Als er sein Werk beendet hat und sich ihre Blicke treffen, findet er nur einen unendlichen, grauen Abgrund in ihren Augen. Die gute Frau Noplan ist offenbar in einem Zustand jenseits aller Nervenzusammenbrüche angelangt. Sie lässt sich wort- und widerstandslos von zwei Kolleginnen in die Sanitärräume geleiten.

Auch die übrigen Teilnehmer des Events verlassen gruppenweise, immer noch eifrig debattierend, das Büro.

Schwimm-Schuh

Erneut meldet sich Mick Jagger via Dienst-Handy, und dieses Mal nimmt Rudi das Gespräch an. Eine aufgeregte Frauenstimme, die an ihrer lispelnden Aussprache leicht als die Sekretärin von Herrn Dipling erkennbar ist, sprudelt hervor:

„Wissen Sie schon, dass wir einen Rohrbruch haben? Bei Herrn Dipling tropft Wasser aus der Decke." Rudi lacht: „Ja, ich weiß, aber doch nicht bei Herrn Dipling, sondern bei Frau Noplan!" Er steckt das Handy kopfschüttelnd wieder ein und überlegt, ob er eine Trittleiter auf den Schreibtisch stellen soll.

Da Rudi auch Sicherheitsbeauftragter ist, erteilt er sich selbst einen Verweis. Dann schiebt er ächzend den schweren Schreibtisch beiseite und holt sich eine hohe Trittleiter und Werkzeug aus dem Keller. Unterwegs trifft er Herrn Dipling, der einen Eimer mit Wasser über den Flur schleppt.

„Sind Sie auf dem Weg zu mir?" wird Rudi von ihm angesprochen. Doch seine Antwort fällt vertröstend aus, denn er muss sich jetzt vordringlich mit dem Rohrbruch beschäftigen und eilt deshalb bereits weiter.

Endlich steht er auf der Leiter und macht sich auf die Suche nach dem Leck. Genauer gesagt balanciert er wackelnd auf der obersten Sprosse der Leiter. In der einen Hand hält er die Taschenlampe, in der anderen die Zange, um den Binde-Draht zu durchtrennen und mit der freien Hand - die Taschenlampe trägt er inzwischen im Mund - löst er vorsichtig die Isolierung von dem unter Verdacht stehenden Rohr.

Nebenbei darf er sich „Paint It Black" anhören. Das ihm dabei in den Nacken und auf die Brille tropfende Wasser versucht er, so gut es geht, zu ignorieren.

Trotzdem birgt es den kleinen Nachteil in sich, dass Rudi kaum etwas zu erkennen vermag. Äußerlich drängeln sich die Tropfen auf den Gläsern, und von innen legt sich ein feuchter Beschlag auf sie. Dass ihm jetzt auch noch der Schweiß auf die Stirn tritt, wäre vielleicht nicht weiter schlimm, bliebe er dort. Aber nein, er muss ihm in die Augen laufen und dort ekelhaft brennen.

Das Handy rockt erneut los. Rudi lässt sich jedoch nicht ablenken und arbeitet verbissen weiter, bis er das Rohr freigelegt hat. Ein feiner Sprühstrahl, direkt auf seine Brille gerichtet, verrät das Loch.

Das Handy gibt unverdrossen „Paint It Black" zum Besten. Rudi versucht mühselig, eine Reparatur-Schelle über das Leck zu stülpen, aber das hervor sprühende Wasser verteidigt seine frisch gewonnene Freiheit nach Kräften. Mittendrin melden ihm seine Ohren, dass jemand das Büro betreten hat. Rudi steckt mit dem Kopf in der Zwischendecke und arbeitet inzwischen nahezu blind, weil er zu allem Überfluss jetzt auch noch seine Brille verlegt hat.

Das Handy hüllt sich erstaunlicherweise in tiefes Schweigen.

„Sie wissen, dass wir einen Rohrbruch haben?", erklingt, mit einigem Unmut gewürzt, plötzlich die Stimme von Herrn Dipling.

„Aber nein! Wo denken Sie hin, ich dusche hier nur so aus reinem Wellness-Bedürfnis", ätzt Rudi hohl tönend aus der Decke zurück. Er wischt sich mit dem Handrücken den feuchten Staub aus dem Gesicht und dreht sich auf der Leiter um.

„Und Sie gehen partout nicht ans Telefon", zischt Herr Dipling.

„Ach, Sie waren d ..."

In diesem Moment glitscht der linke Fuß Rudis von der verschmierten Leiterstufe. Er rutscht auf der zur Seite kippenden Leiter ab und rudert Halt suchend mit den Armen durch die Luft. Während er auf dem Gesäß von Sprosse zu Sprosse abwärts hopp-hopp-hoppelt, bekommt er zufällig den vollen Wassereimer zu fassen. In dem reflexartigen Versuch sich festzuhalten, reißt er das Behältnis vom Schreibtisch und kippt die neun Liter Inhalt treffsicher über die Füße des Herrn Dipling.

Rudi kommt in sitzender Stellung am Fuß der Leiter zur Ruhe und mustert aus dieser Perspektive das Antlitz des vor ihm Stehenden. Kein einziger Muskel zuckt darin. In vollendeter Selbstbeherrschung wendet sich Herr Dipling ab und schreitet würdevoll, mit aus den Schuhen schwappendem Wasser, durch den Raum und die Tür. Das leiser werdende guatsch – guatsch – guatsch seiner Schritte entfernt sich über den Flur.

Fünfzehn Minuten später hat Rudi seine Erstmaßnahmen erledigt, und weitere zwanzig Minuten darauf hat er auch seine kostspielige Sehhilfe wieder gefunden. Er räumt schnell noch notdürftig auf und macht sich auf den Weg in sein Büro, um endlich die Sanitärfirma anzurufen. Dabei folgt er den feuchten Schuhabdrücken von Herrn Dipling und irgendein Instinkt verleitet ihn, den Spuren bis in das Büro hinein zu folgen.

Da sitzt der gute Mann mit aufgekrempelten Hosenbeinen am Schreibtisch. Seine Schuhe und Strümpfe haben es sich auf dem Heizkörper gemütlich gemacht und in der Ecke stehen drei dicht aneinander geschmiegte Papierkörbe. Ein inzwischen vertrautes Tropf-Geräusch lässt Rudi aufhorchen. Schlagartig fügen sich in seinem Gehirn einige bisher unbeachtete Details zusammen:

Die ständigen Telefonanrufe - Herr Dipling mit den Wassereimern unterwegs - der Anruf seiner Sekretärin - Herrn Diplings jüngster persönlicher Auftritt - plötzlich fügt sich alles zu einem Bild zusammen! Blitzschnell erfasst er die Situation: Es existiert ein zweiter Rohrbruch!

Eine Viertelstunde später hat er sein Equipment ins Büro Dipling geschleppt und ist damit beschäftigt, den zweiten Rohrbruch in den Griff zu bekommen.

„Wissen Sie, was ich mich schon den ganzen Morgen frage, Rudi? Warum drehen Sie nicht einfach den Absperrhahn zu? Ich meine, so etwas wird es doch geben", fragt es hinter dem Schreibtisch hervor.

„Weil dummerweise genau an dieser Leitung sowohl

die Zahnarztpraxis als auch der Friseurladen hängen", antwortet Rudi der inzwischen Mal wieder, den Kopf in die Zwischendecke geschoben, auf der wackligen Leiter steht und an der Rohrabdichtung herum wurstelt.

„Können Sie sich vorstellen, was da abginge, wenn dem Zahnarzt mitten in einer schwierigen Behandlung plötzlich das Wasser wegbleibt, der Bohrer trocken läuft und der bedauernswerte Patient sich nicht mal den Mund ausspülen kann? Oder mittendrin eine Kiefer-Operation abgebrochen werden muss und die Betäubung nachlässt? Das wäre ja Stoff für einen Horrorfilm!

Und wenn ich an die Damen mit ihrem frisch eingefärbten Haar denke, die dann vergeblich auf das Ausspülen warten und daher nicht mehr "rot-blond" schimmernd, sondern "schreiend-pink" leuchtend aus dem Friseur-Salon treten? Schätze, das dürfte auch erhebliches Konfliktpotenzial in sich bergen", erklärt Rudi die Situation.

Kurz darauf hat er seine provisorischen Erstmaßnahmen abgeschlossen. Er hängt noch schnell die unbeschädigten Deckenplatten wieder ein und bringt sein Werkzeug zurück in den Keller.

Blind-Date

Das Handy ändert seine Taktik und meldet sich diesmal mit einem waidgerechten Hallali. Das ist der unverkennbare Sonderklingelton, den Rudi für die Anrufe des Firmengründers und Oberchefs eingerichtet hat. Der Boss ist wirklich ein sehr umgänglicher Mensch, so der Typ sozial eingestellter Gutsherr. Aber er erwartet von seinen Angestellten, dass sie seine Wünsche möglichst ohne jeden Verzug erfüllen. Also nimmt Rudi das Gespräch lieber an.

„Hier Senscheff. Ich sitze mit Frau Fix-Carrier im Besprechungsraum und wir warten auf Sie! Haben Sie etwa unseren Termin vergessen?"

„Na, das sollte mir einfallen!", lacht Rudi auf und schaltet direkt wieder auf ernst zurück. „Ich konnte mich bisher nur nicht melden, weil ich durch zwei akute Rohrbrüche gebunden war."

Der Chef schluckt deutlich hörbar.

„Können Sie unter diesen Umständen denn überhaupt kommen?"

„Den Rohrbrüchen sei Dank", denkt Rudi bei sich, als Ausrede machen sie sich glänzend!

„Wird schon gehen. Ich bin gleich oben", fügt er noch an und steckt das Handy in die Tasche.

Rudi hat, um bei der Wahrheit zu bleiben, tatsächlich den Termin völlig vergessen. Ihm dämmert noch nicht einmal der geringste Anflug einer Ahnung, um welches Thema es bei der Besprechung gehen könnte. Zum Glück liegt sein Büro direkt gegenüber dem Sitzungsraum, und wozu hat er schließlich einen Terminplaner. Er wirft schnell einen Blick hinein und stellt fest: So ein Terminplaner ist auch nur dann hilfreich, wenn man ihn regelmäßig mit Eintragungen füttert. Es will ihm partout nicht einfallen, um welches Thema es bei dieser Besprechung geht.

Also stopft er schulterzuckend wahllos einige Blätter aus dem Ablagekorb in eine Mappe und eilt weiter in den Sitzungsraum. Dort erklärt er die zur Verspätung führende Situation durch die Rohrbrüche und erlangt nicht nur Absolution, sondern darüber hinaus das vollste Verständnis seiner Vorgesetzten.

„Sind denn die Ziele, die wir im letzten Jahr notiert haben, erfüllt worden?", möchte Herr Senscheff, direkt zum Kern des Treffens vordringend, wissen.

Rudi fällt es wie die berüchtigten Schuppen von den Augen. Es geht um das Jahres-Mitarbeiter-Gespräch, eine wichtige Angelegenheit, auf die er sich heute Vormittag eigentlich noch vorbereiten wollte. Da ist jetzt wohl Improvisationstalent gefordert. Rudi blättert in professionell wirkender Weise seine Papiere durch. Sein konzentrierter Gesichtsausdruck hellt sich plötzlich auf und er zupft ein Blatt aus seiner Mappe. Er hält eine WC-Papier-Bestellung in die Höhe.

„Hier sind die Energie-Verbrauchszahlen für die Nebenkostenabrechnung. Ich muss da nur noch eine

Kleinigkeit überprüfen."

Damit lässt er die WC-Papier-Rechnung wieder unauffällig in der Mappe verschwinden und sucht erneut wichtig in den Papieren seiner Unterlagen.

„Die Auflagen der letzten Sicherheitsbegehung wurden ebenfalls abgearbeitet", führt er weiter aus, wobei er mit der Bedienungsanleitung für eine Kaffeemaschine durch die Luft wedelt.

Seine direkte Vorgesetzte, Frau Fix-Carrier, wendet orientierungslos ihre Papiere hin und her und versucht einen Blick auf Rudis Bedienungsanleitung zu erhaschen.

Bevor ihr das jedoch gelingt, landet die Kaffeemaschinen-Gebrauchsanleitung mit einer flüssigen Bewegung ebenfalls wieder in Rudis Mappe. Seine Vorgesetzte strahlt irgendwie Unruhe aus. Immer wieder sichtet sie ihren schmalen Ordner, blättert vor und wieder zurück und rutscht dabei unruhig auf ihrem Stuhl herum.

„Was ist denn?", fragt Herr Senscheff mit einem Anflug von Ungeduld in der Stimme.

„Ich verstehe das nicht", murmelt Frau Fix-Carrier nervös, „in meiner Unterlage steht doch etwas Anderes."

Hilfsbereit lehnt sich Rudi zu ihr hinüber.
„Zeigen Sie doch Mal her."

Frau Fix-Carrier schiebt verunsichert das Protokoll über den Tisch. Rudi verschafft sich schnell einen

Überblick, um endlich informiert zu sein. Er lächelt seiner Chefin beruhigend zu und reicht ihr die Unterlagen zurück.

„Das liegt nur daran, dass ich noch zwei Punkte handschriftlich nachgetragen habe!", erklärt er daraufhin.

Seine Vorgesetzte mustert ihn zwar nachdenklich, aber da Herr Sencheff in den letzten Minuten bereits zweimal auf seine Uhr geschaut hat, lässt sie das Thema vorsichtshalber ruhen.

Es folgen eine Reihe von Gesprächspunkten zur Arbeitssituation, Zielen, Perspektiven und Ähnlichem, bis Rudi die Bemerkung fallen lässt:

„Die anderen Punkte sind soweit erledigt ..., ähm, bis auf TOP 7 vielleicht. Danach wollte Herr Senscheff noch die Schränke durchsehen und einiges an Unterlagen aussortieren."

„Mmh, ja, natürlich, das ..., äh ..., mach ich noch", antwortet der Boss und damit ist die Besprechung auch schon beendet.

Outback-Ralley

Irgendwie gelingt es Rudi & Family dann aber doch noch, in den Outback nördlich des Elbtunnels vorzudringen. Um typische Orientierungs-Probleme gar nicht erst aufkommen zu lassen, hat Ella die Kontrolle

über das Steuer übernommen, während Rudi, die Karte vor der Nase, Anweisungen erteilt.
Das klappt auch echt prima:
<u>Ella:</u> „Da vorne kommt eine Kreuzung, wo muss ich hin?"
Sie fährt ihren Hals aus, um ein Hinweis-Schild zu entdecken.
<u>Rudi:</u> „Wo sind wir denn überhaupt?"
Er reckt gähnend die Arme und schaut sich um.
<u>Ella:</u> „In ..., äh ..., Ödendorf, glaub ich."
Sie beugt sich zur Seite, um auf Rudis Karte etwas zu erkennen.
<u>Rudi:</u> „Ich finde es nicht. Wo ist denn jetzt bloß wieder meine Brille?"
Er blättert in dem Stapel Karten auf seinem Schoß.
<u>Lissy:</u> „Du hast sie auf dem Kopf!"
Total cool von hinten, ohne die Augen von ihrem Vampir-Schmöker zu heben!
<u>Rudi:</u> „Wie hieß der Ort noch? Glaubich? Ja, Glaubich hast du gesagt."
Er schiebt die Brille zurück auf die Nase.
<u>Ella:</u> „Wohin jetzt? Wie kommst du nur auf Glaubich? Davon habe ich ja noch nie gehört."
Sie wird langsamer, um das von einer Trauerweide verhüllte Straßenschild zu erkennen.
<u>Rudi:</u> „Das war so ein Doppelname, wie Triststedt-Glaubich oder so."
Er wühlt sich suchend durch das Handschuhfach.

Ella: „Quatsch, das habe ich sicher nicht gesagt."
Sie tritt das Gaspedal durch, und schießt noch bei Ocker über die Kreuzung.
Rudi: „Ich hab die falsche Karte!"
Er räumt das Seitenfach aus.
Ella: „Rechts geht's nach Totenfelde, links nach Finsternbrook. Wohin soll ich denn nun? "
Die Kreuzung ist da!
Rudi: „Bleib ganz ruhig! Äh, fahr ... links ab. Nee, warte, am besten du kehrst um und ... Moment ...".
Er faltet die neue Karte in alle Richtungen, dreht, kippt und wendet sie.
Ella: „Uups!"
Sie reißt das Steuer nach rechts und zwingt das Auto mit jaulenden Reifen in die Kurve! Fußgänger spritzen zur Seite und flüchten entsetzt auf den Bürgersteig!
Rudi: „Pfffft."
Er holt tief Luft ...
Ella: „Sag jetzt besser nichts!"
Rudi: „Ich meinte das andere rechts. Okay, wenn wir hier wieder links und dann ..."
Er brabbelt etwas Unverständliches vor sich hin.
Lissy: „Haltet doch einfach an und schaut auf die Karte!"
Obercool von hinten.
Rudi: „Gut, ich habe es jetzt. Die nächste Möglichkeit bitte links."
Er wedelt mit dem Arm und dem daran sitzenden ge-

streckten Zeigefinger vor Ellas Gesicht herum.
„Dieses Links".
Ella biegt grummelnd auf die schmale Straße ab.

Aus dieser Entscheidung entwickeln sich in der Folge mehrere Exkursionen zu abseits liegenden oder verwaisten Gehöften. Die asphaltierten Straßen schrumpfen dabei immer weiter zusammen und lassen zunehmend ihre Teerdecken vermissen. Bald schon laden lauschige Waldwege, umstellt von lichten Kieferhainen und vereinzelten Buchengruppen, in ihre Schlaglöcher ein! Schließlich durchpflügt Ella bereits halbe Maisfelder, weil die Feldwege kaum noch zwei Meter Breite aufweisen.

<u>Lissy:</u> "Echt coole Aktion Leute! Jetzt lohnt es sich endlich mal, ein geländegängiges Auto zu haben. Mama, fahr doch den Hügel da runter, ja? Oder dort vorne mitten durch das Kornfeld. Bitte!"
Überhaupt nicht cool, sondern zappelig vom Rücksitz.
<u>Rudi:</u> „Oh, ich fürchte ..., tatsächlich! Ich habe die Radwanderkarte erwischt!"
<u>Ella:</u>   „Jetzt reicht es!"

Die ehemalige Rally-Pilotin Ella reißt das Steuer herum und schwenkt auf einen kaum erkennbaren Trampelpfad ein. Mit aufheulendem Motor, untermalt von Lack zerstörenden Kratzgeräuschen und den begeisterten Anfeuerungsrufen ihrer Tochter, durchbricht sie wild schleudernd Unterholz und Gestrüpp! Das Fahrzeug rumpelt und hoppst mit absterbender

Maschine noch einen kleinen Erdwall hinunter und kommt dort zur Ruhe.

In der nachfolgenden tiefen Stille schauen die Familienmitglieder sich staunend um. Überrascht finden sie sich quer auf einer schmalen Straße stehend wieder. Synchron starren Ella und Rudi ungläubig auf ein Hinweis-Schild, denn sie stehen direkt vor der Zufahrt zum Bauernhof Locker - ihrem Ziel!

<u>Lissy:</u> „Wow, Mamas Abkürzungen. Voll krass Mann!"

Küchen-Fee

Rudi sucht sein Büro auf, um nun endlich die Sanitärfirma anzurufen. Die aufdringlich blinkende Leuchte für unbeantwortete Anrufe des Festnetztelefons ignoriert er ebenso wie die Meldung auf dem PC-Monitor, die ihn auf den Eingang zwölf neuer E-Mails hinweist.

Erfreulicherweise ist die Sanitärfirma Feucht & Deppert sehr kooperativ und bietet an, schon in drei Monaten vorbeizukommen. Rudi bedankt sich freundlich und denkt laut darüber nach, die noch offenstehenden Rechnungen ebenfalls bis dahin aufzuschieben.

Noch bevor er den Telefon-Hörer zurücklegen kann, wird der Termin spontan um drei Monate vorverlegt.

Er darf die Monteure in ca. zwei Stunden erwarten!

„Aha, also morgen Vormittag", murmelt er vor sich hin.

Rudi ist der Meinung, er habe sich jetzt eine Tasse Kaffee verdient. Er steuert die Küche an, wo er auf eine der wichtigsten Personen der Firma trifft. Es handelt sich um Frau Wuschig, ihres Zeichens Kaffee-Fee, Einkaufs-Engel und Sitzungsversorgungs-Elfe in einer Person.

„Ach da sind Sie ja!" Frau Wuschig wirkt freudig überrascht.

„Ich versuche schon den ganzen Vormittag, Sie zu erreichen, aber ..."

Man kann förmlich sehen, wie sie innerlich zusammenzuckt, als ihr der in ihren Worten enthaltene Vorwurf auffällt.

„Ist nun auch egal, also, Sie wissen ja, es geht um diese Fliegen."

Rudi schenkt sich kommentarlos eine Tasse Kaffee ein und setzt sich an den Tisch. Frau Wuschig steht ihm gegenüber und druckst erkennbar herum. Rudi schlürft gelassen seinen Kaffee und beobachtet interessiert Frau Wuschig. Es bilden sich allmählich rötliche Flecken auf ihren Wangen.

„Wir haben doch vor einigen Tagen über das Fliegenproblem ..., ähm ..., hier in der Küche ...".

Sie atmet gepresst und bricht dann ab, während Rudi sich demonstrativ umschaut.

„Stimmt, ich erinnere mich, da gab es tatsächlich eine Fliege hier. Nun zähle ich drei. Das wäre immerhin eine Steigerung von zweihundert Prozent", antwortet er und versucht dabei ernst zu bleiben. Dazu fixiert er erneut das inzwischen leuchtend rote Gesicht.

„Ja, aber ..., ich mag einfach keine Fliegen ... und es ist wegen der Hygiene ..., gerade in der Küche ...", stößt sie abgehackt hervor.

Rudi sinnt über die Frage nach, ob die gute Frau sich nicht besser als rote Ersatz-Ampel verdingen sollte, während Frau Wuschig noch ungefähr zwanzig unschlagbare Begründungen, für die unbedingt notwendige Bekämpfung der drei Fliegen, in die Arena wirft. Rudi ergibt sich schließlich der emotionalen Übermacht. Er überlegt, dass es vielleicht besser wäre, die Fliegen kurzerhand zu exekutieren. Am besten bevor Frau Wuschig, wie im letzten Jahr, die Küche aus hygienischen Gründen in ein Gift strotzendes Bollwerk gegen harmlose Stuben-Fliegen verwandelt.

Rudi traut der guten Frau Wuschig sogar zu, einen dieser unsäglichen Klebefänger käuflich zu erwerben. Womöglich kommt sie dann noch auf die Idee, ihn mitten über dem Frühstücks-Tisch, am besten in Augenhöhe, aufzuhängen.

„Okay, ich kümmere mich darum", verspricht er und versucht, den geordneten Rückzug anzutreten.

Vielleicht wäre offene Flucht die klügere Entscheidung gewesen, denn so erwischt ihn die Küchenfee am Ärmel und stößt freudig hervor:

„Das ist nett von Ihnen und, sehen Sie mal, ich habe Ihnen auch schon etwas mitgebracht." Mit diesen Worten zaubert sie ein Doppelpack extra starker Fliegenfänger aus ihrer Handtasche hervor!

Rudis Kommentar beschränkt sich auf ein von Herzen kommendes Zähneknirschen.

„Ich dachte, wir hängen einen über den Pausentisch und den anderen über die Spüle – oder doch beide über den Tisch?" Frau Wuschig strahlt äußerste Zufriedenheit aus. Ihre satte "Rote-Paprika-Werbe-Gesichts-Farbe" wechselt auch wieder zu einem gesunden Karotten-Ton, während sich Rudis Teint gerade eher Kohlrabifarben präsentiert.

Er schaut sich schon Mal nach dem unauffälligsten Plätzchen für diese scheußlichen Fliegenfänger um. Erfreulicherweise hat Frau Wuschig jetzt Feierabend und damit keinen Grund mehr, Rudis Nerven weiter einem Belastungstest zu unterziehen. Unter wiederholten Dankesbezeugungen zieht sie davon.

Rudi atmet erst einmal tief durch und trinkt seinen letzten Schluck Kaffee aus.

Dabei lächelt er in sich hinein, denn eigentlich mag er Frau Wuschig. Das gilt auch für die vielen anderen Kollegen, es hat halt nur jeder seine ... Eigenheiten!

Rodeo-Stuhl

Rudi steht nun in der Küche und sucht nach dem unauffälligsten Ort für den Fliegenfänger. Er entscheidet sich für die Raumecke hinter der Tür, wo auch die unterschiedlichen Abfallbehälter ihr ungeliebtes Dasein fristen. Flugs sind sie beiseitegeschoben und einer der herumlungernden Stühle hinter die Tür gestellt.

Rudi steigt unter ausgesprochen gründlicher Verdrängung seiner Zweitpersönlichkeit, des Sicherheitsbeauftragten, hinauf und versucht, die Gebrauchsanleitung zu lesen. Doch entweder ist der Boden uneben oder der Stuhl hat unterschiedlich lange Beine. Aber vielleicht ist er ja auch aus Espenholz gedrechselt, jedenfalls wackelt er ein wenig mehr - als nur ein wenig!

Die Zweitpersönlichkeit runzelt die Stirn.

Unterdessen versucht Rudi, die Brille in seiner von Taschen übersäten Hose zu finden. In Tasche fünf wird er fündig und rupft die Klettverschlüsse auf – was der Stuhl mit leichtem Bocken beantwortet.

Die Zweitpersönlichkeit hebt eine Augenbraue.

Rudi zerrt die widerborstige Brille halbwegs ans Licht. Allerdings sind die beiden Klettverschlüsse anscheinend zeitgesteuert, denn sie haben sich inzwischen wieder geschlossen. Rudi reißt nun heftiger an der Überlappung dieser Tasche, und der Stuhl kontert mit einer erhöhten Wackel-Frequenz.

Die Zweitpersönlichkeit seufzt und schließt resigniert die Augen.

Mit einem wütenden Ruck zwingt Rudi jetzt die Brille aus der Tasche. Der Stuhl reagiert umgehend durch heftiges hin und her kippen auf nur noch jeweils zwei Beinen.

Der Sicherheitsbeauftragte wendet sich mit Grausen ab.

Rudi lässt erschreckt die Brille fahren und klammert sich an der Stuhllehne fest. Der simple Küchenstuhl gebärdet sich inzwischen wie ein feuriges Rodeo-Pferd. Er kippt von vorn nach hinten und zurück, dann seitlich, wieder vor und hopst dabei durch den Raum. Rudi steht, an die Lehne geklammert geduckt auf ihm und versucht das Gleichgewicht zurückzuerobern. Allerdings führt diese Methode zunächst nur zu immer wilderen Bocksprüngen und er hat mehr als genug damit zu kämpfen, nicht abgeworfen zu werden!

Der Zweitpersönlichkeit entfährt ein lautes Ächzen.

Doch liegt es nun in Rudis Wesen begründet, oder ist das Schicksal heute nur ungewöhnlich milde gestimmt? Wie dem auch sei, das Rodeo-Möbel beruhigt sich wider Erwarten schnell, und er sorgt sich inzwischen nur noch um seine teure Gleitsichtbrille. Da er nicht weiß, welches Schicksal ihr widerfahren sein mag, steigt er sehr behutsam vom

Pferd ..., äh ... Stuhl und hält nach dem wertvollen Stück Ausschau. Aber ohne Brille steht er ziemlich im Dunkeln, und jetzt nähern sich auch noch Schritte über den Flur. Schritte, die den Eindruck eines höheren Körpergewichts erwecken.

Rudi sieht das Bild einer einsamen, schutzlosen Brille vor sich, die unter 100 kg tragenden Stiefeln der Größe 47 gnadenlos zermalmt wird! Das will und darf er nicht zulassen! Er lässt sich zu Boden gleiten und robbt bäuchlings über den Küchenboden. Der Erfolg gibt ihm recht. Fast augenblicklich entdeckt er die verschollene Brille und nimmt Blickkontakt zu ihr auf. Dabei kriecht er unter den Tisch und stellt das teure Stück sicher.

Die Schrittgeräusche sind plötzlich einer aufdringlichen Stille gewichen.

„Mein Gott, Rudi, ist Ihnen nicht gut?", keucht die Stimme von Herrn Kreiselbau aus dem Türrahmen. Rudi müht sich, rückwärts robbend, unter dem Tisch hervor, klopft sich Brötchenkrümel vom Hemd und grinst erleichtert.

„Ich musste nur meine Brille retten."

„Ach, ja? Unterm Tisch?"

Herr Kreiselbau, dessen Telefongespräche sich üblicherweise noch drei Büroräume weiter problemlos mitstenografieren lassen, spricht ungewohnt leise. Wahrscheinlich hat er irgendwo gelesen, dass man geistig Verwirrte nicht laut ansprechen sollte.

Rudi schiebt sich die Sehhilfe wieder auf die Nase und setzt sich an den Tisch. Herr Kreiselbau schenkt sich einen Becher Kaffee ein und tritt dann, kopfschüttelnd den Rückweg an. Rudi beachtet ihn nicht weiter, denn er hat soeben ein seltsames Phänomen entdeckt. Die rechte Hälfte seines Blickfeldes ist deutlich erkennbar, obwohl von Fingerabdrücken getrübt, während die linke Seite verschwommen wirkt, aber keinerlei Glasverschmutzung erkennen lässt. Fast könnte man denken ...

„Aua!" Rudi hat sich soeben den Zeigefinger ins ungeschützte linke Auge gestoßen. Verflixt, das Brillenglas ist nicht mehr da! Er muss wieder an die 100 kg in Schuhgröße 47 denken und nähert sich äußerst vorsichtig dem Fundort der Brille.

„Okay,", denkt er sich, als ein unerfreulich mahlendes Knirschen unter seiner linken Schuhsohle erklingt, „es reichen auch 64 Kg in Größe 41!"

Psycho-Schach

Traurig kehrt Rudi die sterblichen Überreste seines Brillenglases zusammen und setzt sie in der Restmülltonne bei. Nach drei angemessenen Gedenk-Sekunden nutzt er die Abwesenheit des in Ohnmacht gefallenen Sicherheitsbeauftragten, um erneut auf den Stuhl hinter der Tür zu steigen.

Diesmal hält er sich nicht mit irgendwelchen unnützen Anleitungen auf. Er schnappt sich den Doppelpack und reißt die Umhüllung mit einem Ruck auf!

Zumindest war es so geplant. Aber die Verpackung ist offenbar von hoher Qualität. Rudi reißt und zerrt mit aller Kraft. Er zieht an der Kunststoff-Hülle, bis sich seine Fingernägel biegen. Doch die Folie widersteht unbeeindruckt allen Versuchen, ihren Inhalt freizugeben.

Zu allem Überfluss nähern sich jetzt auch noch sehr dynamische Schritte der Tür. Rudi stützt sich vorsichtshalber an der Wand ab und schiebt seinen aufgestellten Fuß hastig an die Stuhlkante. Gerade noch rechtzeitig, denn in diesem Augenblick wird die Tür, mit übertrieben heftigem Schwung, aufgestoßen. Sie trifft auf Rudis dicke Schuhsohle, federt ohne nennenswerten Energieverlust zurück und erwischt den Bauleiter Kleinwürg unvorbereitet schräg von vorn. Beinahe hätte Rudi ihn auf die Bretter geschickt!

Aber Bauleiter sind echt harte Kerle. Nach Rudis Meinung liegt das daran, dass sie sich täglich gegen die nicht gerade zartbesaiteten Bauarbeiter von Firmen wie „Stark & Hohl" oder „Sauf & Prügel" durchsetzen müssen. Allerdings trägt Herr Kleinwürg nach Rudis Empfinden dieses Wildwest-Gehabe deutlich zu dick auf. Er vermutet einen psychologischen

Zusammenhang mit Herrn Kleinwürgs Körpergröße, die wohl treffender mit „Körperkleine" bezeichnet wäre.

Nach einer nicht gerade überschwänglichen Begrüßung, schenkt sich Herr Kleinwürg einen Pott Kaffee ein und kippt reichlich Kondensmilch dazu. Dabei rezitiert er murmelnd einen Text, in dem die Worte: "Sicherheitsbeauftragter", "absperren" und "unverantwortlich" deutlich hörbar sind. Er knallt seinen Becher auf den Tisch und stakst in das gegenüberliegende Büro, um noch kurz etwas mit Frau Moser zu klären.

Rudi reißt erneut mit aller Kraft an dem Kunststoffbeutel, der jetzt knallend aufplatzt und einen der grünen Zylinder heraus katapultiert. In einer schön anzusehenden, ballistischen Kurve fliegt der Fliegenfänger durch den Raum und schlägt mitten in der Kaffeetasse von Herrn Kleinwürg ein. Eine kleine Fontäne erhebt sich kurz in die Höhe, fällt zurück und das grüne Giftband sinkt auf den Grund des Bechers hinab.

Der Gedanke, es einfach dabei zu belassen, geht Rudi wirklich nur sehr kurz durch den Kopf. Dann hüpft er vom Stuhl, kippt eilends den Kaffee in den Ausguss und entsorgt das grüne Geschoss in den Abfalleimer. Eilig befüllt er, die schnell noch gespülte Tasse mit frischem Kaffee. Als sich erneut Schritte nähern, klettert er hastig zurück auf den Stuhl.

Herr Kleinwürg nimmt einen Schluck und stutzt. Er

starrt, wie gebannt, in seine Tasse. Rudis Blick ruht scheinbar desinteressiert auf ihm.

„Das fasse ich jetzt nicht, hier war doch Kondensmilch drin! Das weiß ich hundertprozentig, ich habe doch noch mit diesem Löffel hier umgerührt".

Er mustert mit zusammengezogenen Augenbrauen den Löffel.

„Sind sie sicher? Das gibt es doch nicht."

Rudi hat irgendein neurologisches Problem, denn sein rechter Mundwinkel zuckt unkontrolliert.

„Hat zwischenzeitlich jemand die Küche betreten, während ich bei Frau Moser war?", knurrt Herr Kleinwürg.

„Nö, ich war hier völlig allein, und es waren ja nur ein paar Minuten. Also wirklich, Herr Kleinwürg, glauben Sie ernsthaft, jemand hätte ihnen die Milch aus dem Kaffee extrahiert?!"

In diesem Augenblick ertönt aus dem Büro gegenüber die schrille Stimme von Frau Moser, die sich über irgendeine Maßangabe im Plan von Herrn Kleinwürg lauthals ereifert. Der Benannte dreht sich um, erreicht mit drei entschlossenen Schritten die Tür und grölt einen deftigen Kommentar zurück.

Wer Frau Moser kennt, der ahnt nicht nur, was nun unvermeidlich folgen wird. Rudi lässt sich vorsichtig vom Stuhl gleiten. Mit zwei unhörbaren Schritten erreicht er die Arbeitsplatte, wo er das Milchtöpfchen unauffällig in seiner Hand verschwinden lässt.

Herr Kleinwürg und Frau Moser führen ihre Diskussion inzwischen lauthals über den Flur. Rudi schleicht mit langsamen Bewegungen zu dem unbeachteten Kaffeebecher und kippt eine reichlich bemessene Portion Kondensmilch hinein.

Der Ton des Flurgespräches wird nicht nur schärfer, sondern auch lauter. Dafür leidet die Sachlichkeit ein wenig. Rudi erfährt, auf seinem vorsichtigen Rückweg in Richtung Stuhl, dass Planerinnen unfähig und Bauleiter arrogant sind. Erste interessierte Zuhörer öffnen ihre Bürotüren oder treten auf den Flur. Während Frau Moser erregt weiter zetert, dreht sich Herr Kleinwürg spontan mit einer wischenden Handbewegung um.

Dummerweise hat Rudi erst ein Bein auf dem Sitzmöbel, das Zweite verharrt noch am Boden! Reaktionsschnell kehrt er jedoch die Bewegungsrichtung um und erweckt den Eindruck, er steige gerade erst vom Stuhl herunter. Unterdessen hat Herr Kleinwürg sich das Milchtöpfchen gegriffen und erstarrt zur ehernen Säule.

Mitleidsvoll tritt Rudi heran und fragt, ob er helfen kann, denn das blutleere Gesicht und die erweiterten Pupillen sprechen ihre eigene Sprache. Auch will es ihm scheinen, die Haare des Herrn Kleinwürg seien eben noch nicht grau meliert gewesen. Unter undeutlichem Gemurmel wendet der Bauleiter sich von seinem Kaffee ab.

„Ich hätte geschworen ..., gibt es doch nicht ..., bin irre ..., muss zum Psychiater ...", hört Rudi, während Herr Kleinwürg, als gebrochener Mann aus der Küche schlurft.

Wortlos schleppt er sich an den Spalier stehenden Hörspielfreunden, die ihn verständnislos mustern, vorbei. Mit hängendem Kopf schleicht er weiter, an der Tür von Frau Moser vorüber, die gerade bei ihrem Crescendo angelangt ist und urplötzlich abbricht. Eine unheimliche Stille breitet sich aus, in der die zittrigen Worte der Frau Moser überlaut klingen:

„Das habe ich doch nicht gewollt!" Rudi nimmt die Angelegenheit gelassen, denn er schätzt das Selbstbewusstsein von Herrn Kleinwürg auf 2,50 m, während sein materieller Körper kaum 1,65 m misst. Und der streitbaren Frau Moser kann ein kleiner Dämpfer mit Sicherheit auch nicht schaden!

Kontakt-Grill

Fünf Minuten später rollen sie auf den Innenhof der ansehnlichen Hofanlage. Während Rudi eine Schadensbegehung rund um das Auto veranstaltet, eilen die Frauen begeistert zu einer ersten Hoferkundung davon. Freudige Rufe verraten kurz darauf, wohin Rudi seine Schritte lenken muss, um die kleine Pferde-Herde und damit auch seine Frauen zu finden.

Er sieht seine Freizeit an den Vormittagen bereits als gewährleistet an, denn da wird sicherlich Reitzeit angesetzt sein. Aber der Locker-Hof hat schließlich nicht nur Pferde zu bieten. Neben den „Fjordies" ist hier auch eine große, gemütliche Kuhherde mit einem, nicht im gleichen Maß entspannten, dafür aber sehr beeindruckenden Bullen beheimatet.

Auch vier fidele Jungschweine flitzen fröhlich quiekend durch ihren morastigen Auslauf. Gleich nebenan, in einem wirklich artgerechten Großauslauf mit zugehörigem Teich, hängen müde Hühner, faule Enten, gechillte Kaninchen und bewegungslose Meerschweinchen ab.

Ganz anders halten es da die bewegungsfreudigen Wespen, besonders, wenn jemand wie Rudi aus purem Forschungsdrang mit einem abgebrochenen Ast in ihrem Erdloch herumstochert! Immerhin verschafft das Rudi die Gewissheit, noch erstaunlich schnell und weit laufen zu können.

Weiter sind einige hungrige Katzen, ein ebenfalls hungriger Hund und vermutlich genauso hungrige Fliegen hier beheimatet. Es sind übrigens ziemlich viele Fliegen. Glücklicherweise handelt es sich nicht um Bremsen oder Stechfliegen, sondern nur um die gemeine Nerv-Fliege, die ihren Namen allerdings nicht zu Unrecht trägt. Sie zeichnet sich durch ungewöhnliche Kontaktfreudigkeit und massenhaftes Auftreten aus.

Rudi hat es doch geahnt. Irgendeinen Haken musste dieser Bauernhof-Urlaub doch haben.

Es ist Abend geworden und Rudi & Family haben ihre wirklich schöne Gartenhauswohnung zwischenzeitlich in Beschlag genommen. Während Lissy abgängig ist, wollen ihre Eltern noch einen beschaulichen Spaziergang unternehmen. Das lässt sich zunächst auch gut an, bis sie zwei Türen weiter unerwartet auf eine Grillparty stoßen.

Leichtsinnigerweise grüßen sie die Grill-Aktivisten freundlich im Vorübergehen, was direkt mit einer Zwangseinladung geahndet wird. Keine fünf Minuten später sitzen sie, mit einer gemischten Truppe von Hausgästen und Hof-Angehörigen, traut vereint vor einem beeindruckend großen Grill. Eher entsetzt reagiert Rudi allerdings auf das halbe gegrillte Ferkel, das sich auf seinem Teller niedergelassen hat. Ihm gehen bei diesem Anblick die „Fidelen Vier" nicht aus dem Sinn. Außerdem fragt er sich, welche der fünf zugeschobenen Bierflaschen er zuerst trinken soll.

Als er später dann die sechste Pulle in Angriff nimmt, ist er bereits in der Lage, sich mit dem urigen Bauern auf lallend „Pladd-Düdsch" zu verständigen. Die "Neuankömmlinge" sind bereits voll integriert. Doch bevor Rudi noch einschläft oder die achte Flasche Flens erwischt, bugsieren ihn Ella und die zwischenzeitlich wieder aufgetauchte Lissy mit vereinten Kräften ins Bett.

Nur wenige Stunden später, so um fünf Uhr, graut ein neuer Morgen.

Ella schwingt sich unternehmungslustig aus den Federn. Der Hahn entbietet ein kleines Ständchen direkt vom Misthaufen, der seinerseits ein paar Begrüßungs-Duftproben durchs offene Fenster sendet. Wundervoll würzige Landluft. Mit einem Schwung wirft sich Rudi herum - und schnarcht weiter. Aber er hat die Rechnung ohne seine Mitbewohner gemacht.

Es summt! Allerdings nicht nur in Rudis Kopf, sondern auch irgendwie außerhalb, mal links mal eher rechts, dann wieder weiter weg oder auch dicht dran. Seltsam!

Rudi wird gegen seinen Willen allmählich hellwach. Wie er so mit geschlossenen Augen daliegt, bildet sich in seinem Kopf eine 3-D-Karte mit „Summ-Flugrouten" ab. Es sind mindestens fünf Fliegen, die er inzwischen tatsächlich individuell unterscheiden zu können meint.

Jetzt summen Knickrüssel, Fünfbein und Schwirrflügel in geschlossenem Formationsflug auf Rudis Nase zu. Im letzten Moment zwingen sie sich in eine Steilkurve und gewinnen wieder an Flughöhe. Die Hängeleuchte dient als Wendepunkt, und die drei Sturzbomber wiederholen ihr Manöver unverdrossen aufs Neue. Die übrigen Flieger trainieren, nur von gelegentlichen Zwischenlandungen unterbrochen, munter Schleifen und Schnörkel.

Rudi ist genervt. Besonders da nun die Starts und

Landungen in seinem Gesicht erfolgen, fängt er an um sich zu schlagen. Aber das hält die Fliegen nicht davon ab, ihre Landungen jetzt auch noch mit Ausflügen zu Ohren und Nase zu verbinden.

Rudi steht kurz vor der Verpuffung.

Eine besonders interessierte, gemeine Schlafzimmerfliege begibt sich auf eine Exkursion in Rudis Nase. Der springt jetzt, Wut und Fliege schnaubend aus dem Bett, nur um aufstöhnend direkt auf die Knie zu sinken! Allerdings motiviert ihn nicht etwa ein religiöses Bedürfnis, der Grund liegt vielmehr in dem Hexenschuss, den er sich soeben zugezogen hat. Die anschließende, recht seltsam anmutende Gymnastik, stellt auch nichts anderes als den Versuch sich die Strümpfe überzuziehen dar. Die von Rudi dabei abgegebenen Geräusche werden später, den am offenen Fenster vorbeigegangenen Bauern zu der Bemerkung veranlassen:

„No, mien Jung, woll frisch vahieratet, watt?"

Unter sehr breitem Grinsen - versteht sich.

Drachen-Kampf

Jetzt möchte Rudi aber endlich mit diesem ungeliebten Fliegenfänger vorankommen. Er versucht durch sein Monokel-Imitat etwas zu erkennen, was sich allerdings als gar nicht so einfach erweist.

Schließlich ist sein Gehirn nicht auf zwei unterschiedliche Bilder eingestellt. Trotzdem gelingt es ihm kurz darauf, eine Schlaufe und eine Reißzwecke zu identifizieren.

Er zieht probeweise an der Schlaufe und tatsächlich lässt sich ein spiralförmiger dunkelgrüner Klebestreifen ans Licht befördern. Rudi sticht die Reißzwecke durch die Schlaufe und reckt sich, um die Zwecke in die Mineraldeckenplatte zu drücken. Irgendwie fehlen ihm jedoch die entscheidenden 5 mm. Das herausgezogene Stück Fliegenfänger baumelt unaufgeregt vor seiner Nase, aber irgendein ungutes Gefühl schleicht sich an und begehrt Einlass in Rudis Bewusstsein.

„Das muss doch gehen!", presst er zwischen seinen angespannten Lippen hervor.

Mittlerweile steht er in Ballerina-Pose auf den Zehenspitzen und das klebrige Grün pendelt vorsichtig, wie abtastend, gegen seine Nasenspitze.

Aber es schwingt nicht zurück, sondern folgt seinem Daseinszweck und klebt fest. Sehr fest und sehr ekelhaft! Erschreckt führt Rudi eine wischende Bewegung mit dem Unterarm aus. Tatsächlich wird seine Nasenspitze freigegeben, aber nur, weil der Superklebestreifen ein lohnenderes Opfer erfasst hat. Geschwind wickelt sich die flexible Spirale um seinen Arm.

Rudi hat immer noch die Reißzwecke samt Schlaufe

und Fliegenfänger in einer Hand und schüttelt verzweifelt den anderen Arm, um dieses oberklebrige Band los zu werden. Der Befreiungsversuch scheitert allerdings, da der „Fliegen-Fang-Streifen" nun weitere Klebewindungen aus dem Zylinder hervorzaubert und jede Bewegung mit zusätzlichen Verwicklungen belohnt.

Rudi verfällt vorerst in eine taktische Starre. Das Handy nutzt den günstigen Moment, um sich mal wieder zu melden. Außerdem nähern sich erneut Schritte und Herr Witzel schaut durch die Türöffnung. Rudi müht sich, in gebeugter Haltung auf dem Stuhl stehend, das Klebeband mit ganz vorsichtigen Bewegungen von seinem Hemd zu lösen.

Das Handy intoniert „Paint It Black" dazu und Herr Witzel, der Rudi gerade erst entdeckt hat, stutzt nur einen winzigen Moment. Dann verzieht sich sein Gesicht zu einem schadenfrohen Grinsen und er kommentiert trocken:

„Ein professioneller Selbstmordversuch sieht aber etwas anders aus!"

Nichtsdestotrotz nähert er sich und bietet seine Hilfe an. Rudi fragt sich, ob Herr Witzel Hilfe zum Selbstmord meinen könnte und lehnt dankend ab. Außerdem befürchtet er, dieses Monsterband könnte ihn und Herrn Witzel zu "Siamesischen Zwillingen" verwickeln. Das fehlte ihm gerade noch!

Die Stones brechen ihr Konzert ab und das Handy

verstummt. Rudi reicht es jetzt. Wutentbrannt packt er das niederträchtige Band mit beiden Händen und reißt es sich rücksichtslos von seinem Hemd herunter. Mit Hula-Hoop-ähnlichen Bewegungen weicht er dabei der schwingenden Klebespirale aus. Das Monsterband versucht, ihn erneut zu erwischen. Wie eine wütende Kobra pendelt es zurück und stößt wieder vor. Rudi pendelt synchron mit.

Herr Witzel keucht etwas, das wie "padedö" klingt, und droht nun einer Lachattacke zu erliegen! Er schleppt sich, um Luft ringend, auf den Flur. Dort lehnt er sich, den Bauch haltend, gegen die Wand und torkelt kurz darauf, immer noch lachend, davon.

Rudi hat das Übel nun im Griff und versucht, seine linke Hand zu befreien, wozu er seine rechte Hand benötigt die stattdessen nun kleben bleibt.

Und so wogt das "Handgemenge" eine Weile hin und her. Schließlich hat er sich zwar von dem Band befreit, steht dafür aber mit einer, grüne Fäden ziehenden, dicken Klebeschicht auf beiden Händen da.

Kurze Zeit später hat Rudi es, ohne irgendwo dauerhaft festzukleben, zum nächsten Waschbecken geschafft und schrubbt die grüne Masse von seinen Händen.

Er versucht sich vorzustellen, wie es sich für eine Fliege anfühlen mag, mit sechs Beinen an solch einem Band festzukleben. Noch dazu bei dieser Haftstärke, die einen Flugsaurier bannen könnte! Für einen

Moment empfindet er echtes Mitleid mit den Fliegen. Allerdings nur für einen sehr kurzen Moment!

Eine Weile darauf steht Rudi erneut in der Küche. Diesmal benutzt er allerdings eine ausreichend hohe Trittleiter und drückt problemlos die Reißzwecke in die weiche Deckenplatte. Nun braucht er nur noch den grünen Zylinder vorsichtig nach unten ziehen und dadurch den Rest des zukünftigen Fliegenfriedhofes zutage fördern.

„Wie lang ist dieses Band denn noch?", fragt er sich und zieht etwas kräftiger. Schamlos nutzt die Reißzwecke die Gelegenheit, den ihr zugewiesenen Ort unerlaubt zu verlassen. Sie folgt der Erdanziehungskraft und siedelt sich auf dem Fußboden an. Das bösartig flatternde Band ergreift die Chance, sich mit einem gierigen Rascheln unverzüglich auf den verblüfften Rudi zu werfen. Er schafft es gerade noch, die Arme schützend über seinen Kopf zu halten, bevor diese Ausgeburt der Hölle sich auf ihm niederlässt. Da sie sich bereits bewährt hat, wendet Rudi erneut die „Rühr-dich-nicht-Taktik" an.

Aus dem Flur werden jetzt federnde Schritte hörbar. Sie stoppen vor der Küchentür, und es erklingt die Stimme von Frau Birkenschuh, die mittlerweile jedoch, durch Ehelichung eines türkischen Mitbürgers, den Namen Ökol trägt.

Rudi erinnert sich deshalb so genau, weil er für das Hochzeitsgeschenk auch etwas gespendet hat.

„Nicht nur, dass hier immer noch geraucht wird, diese Energievergeuder lassen auch ständig das Licht eingeschaltet!"

Klack! Rudi steht im Dunkeln. Frau Ökol federt weiter. Er dagegen schiebt sich gebeugt, als wöge das sattgrüne Spiralband ungefähr einen Zentner, in Richtung Lichtschalter. Kaum flammt das Licht wieder auf, spaziert auch prompt Herr Witzel vorüber. Dieses Mal erfasst er die Situation mit einem Blick und kann sich ein laut gerufenes Alaaf nicht verkneifen.

Rudi ignoriert alles Andere und rupft sich erst mal das anhängliche Band vom Rücken. Dann umwickelt er es mit reichlich Handtuch-Papier, bevor er es in den Müllbehälter stopft. Schließlich möchte er nicht die Verantwortung tragen, falls jemand in der unschuldigen Absicht seinen Abfall zu entsorgen, anschließend den gesamten Inhalt des Eimers unlösbar in den Fingern hält!

Spenden-Fluch(t)

Rudis neuerlicher Ausflug in Richtung der Sanitärräume führt ihn um eine Gangbiegung. Da er in Gedanken schon mit dem Händeschrubben beschäftigt ist, hätte er beinahe die anscheinend soeben auf dem Flur materialisierte Frau Vasel übersehen.

Diese Kollegin erweckt manchmal den Eindruck, mit ihren Aufgaben im Sekretariat nicht so recht ausgelastet zu sein. Zumindest ist sie für ihre Ausflüge durch die Büros bekannt - um nicht das Wort berüchtigt oder gar gefürchtet zu verwenden.

Nun sind natürlich nicht die Exkursionen an sich das Schreckenerregende, sondern eher ihr unstillbares Mitteilungsbedürfnis. Speziell über ihre verwandtschaftlichen Beziehungen referiert sie mit ungewöhnlicher Hingabe und erstaunlicher Ausdauer. Da Rudi den Vaselschen-Stammbaum schon mehr als einmal erklettern durfte, neigt er dazu, diese Begegnungen zu vermeiden.

Von leichter Panik erfasst, schaut Rudi sich nach einer Ausweichmöglichkeit um. Da sich kein Schlupfloch zeigt, beschleunigt er durchaus auffällig seine Schritte.

„Hallo Rudi, schön das ich Sie treffe, es geht um eine Spende für ..."

„Entschuldigung, Frau Vasel."

Mit diesen Worten stößt er die soeben erreichte Tür zum Herren-WC auf, stürzt sich durch die Rettung verheißende Öffnung und vertraut im Weiteren auf den automatischen Türschließer! Aufatmend und mit geschlossenen Augen lehnt er sich innen gegen die Wand. Da hat er wohl noch mal Glück gehabt.

Wer Frau Vasel eine Gelegenheit zum Erzählen

einräumt, wird erfahrungsgemäß nicht so bald wieder freigegeben. Mindestes bis zu den Kreuzzügen wird ihre Ahnentafel detailliert dargeboten. Rudi würde es nicht wundern, wenn die begeisterte Ahnenforscherin ihre Vorfahren lückenlos bis auf den Homo erectus zurückführen könnte!

Nach einer ausgedehnten Waschung seiner Hände betritt er, vorsichtig nach beiden Seiten sichernd, erneut den leeren Flur. Er will sich gerade der Erleichterung hingeben, da tritt völlig überraschend Frau Vasel aus dem gegenüberliegenden, seltsamer weise unbeleuchteten, Kopierraum hervor.

Triumphierend lächelnd steht sie vor ihm.

„Hallo Rudi, ich sammle für Herrn Bauscheck, der heiratet doch nächste Woche. Kennen Sie eigentlich seine Frau? Das ist genau so eine lustige Person wie meine Nichte mütterlicherseits."

Rudi spendet, geheuchelt freudig, drei Euro und darf dafür eine Glückwunschkarte unterschreiben. „Meine Nichte ist ja auch erst kurze Zeit verhei...."

„Entschuldigung, ich glaube, ich habe einen Magen-Darm-Virus", unterbricht Rudi sie gnadenlos unhöflich. Er lässt die verblüffte Frau Vasel einfach stehen und bringt sich erneut im Herren-WC in Sicherheit. Hier nutzt er den selbst gewählten Zwangsaufenthalt, um ein paar Handymeldungen abzuhören.

Er ist gerade mit seinen Meldungen durch, da betritt Herr Niwelier, ein Mitarbeiter aus der

Vermessungsabteilung, den Sanitär-Bereich. Kaum erblickt er den telefonierend an der Wand lehnenden Rudi, zückt er unverzüglich eine Büchse und klappert damit, im Samba-Rhythmus, vor Rudis Nase auf und ab. Grinsend erklärt er:

„Na bitte, dachte ich mir doch, Sie hier zu finden! Unsere Frau Kataster möchte doch nächste Woche vor den Traualtar treten und Sie sind der Letzte, den ich noch nicht gefragt habe!"

„Ach, das wusste ich ja gar nicht. Also, das ehrt mich natürlich sehr, aber ich bin bereits ausreichend verheiratet!"

Herr Niwelier tauscht seine Gesichtszüge gegen ein Fragezeichen aus und blickt in vollkommenem Unverständnis auf Rudis zuckenden Mundwinkel.

„Schon gut, das sollte nur ein Scherz sein", klärt Rudi seinen Kollegen aus der Vermessungabteilung auf. Während er schon seine Hosentaschen abklopft, amüsiert er sich in Gedanken noch über die Doppeldeutigkeit dieser Berufsbezeichnung.

„Oder heiratet sie zufällig Herrn Bauscheck?", simuliert er echtes Interesse. Nebenbei durchkämmt er resigniert weiter seine Bekleidung auf der Suche nach der magersüchtigen Brieftasche.

„Wie kommen Sie denn darauf!?"

„Och, war nur so ´ne Idee."

Rudi inspiziert seine nahezu leere Geldbörse und stellt fest, nur noch die Wahl zwischen knapp 3 € in

Münzen oder einem vereinsamten 5 €-Schein zu haben. Seufzend stopft er seinen letzten Geldschein in die Sammelbüchse und fragt:

„Aber woher wussten Sie eigentlich, dass Sie mich ausgerechnet hier finden können?"

„Na, Sie haben doch „Magen-Darm". Da kann man sich doch denken, wo Sie so stecken. Gute Besserung, Rudi!"

Mit diesen Worten verlässt er zufrieden mit der Büchse rasselnd den Sanitärraum. Rudi zögert und wirft zunächst einen vorsichtigen Blick durch die Spaltbreit geöffnete Tür, bevor er Herrn Niwelier geduckt und an die Wand geschmiegt folgt. Er hat noch keine zehn Schritte hinter sich gebracht, da läuft er prompt auch noch Frau Tipflink in die Arme! Oder viel schlimmer - vor die Sammelbüchse.

„Wofür darf ich spenden?", fragt er, ergeben seufzend, anstelle einer Begrüßung.

„Hallo Rudi, kennen Sie eigentlich noch die Frau Materlich? Die ist doch schon einige Jahre in Rente und jetzt hat sie ein Baby!", strahlt eine derart selige Frau Tipflink, dass man glauben könnte, sie selbst habe das Kind entbunden. Rudi gerät ins Grübeln.

„Wie alt war Frau Materlich, als sie in Rente ging – oder war es Frührente?", fragt er.

Frau Tipflink stutzt für einen Moment und lacht dann laut auf.

„Aber Rudi! Es ist natürlich das Baby ihrer Tochter,

sie ist Oma geworden!"

„Ach so, verstehe", murmelt er und kramt ergeben die letzten 3 €, die er in seinem Schrumpfbeutel noch auftreiben kann, hervor. Die feierliche Geldübergabe, samt der zeremoniellen Signatur, ist rasch erledigt, und schon ist Rudi wieder unterwegs.

„Gute Besserung, Rudi. Wollen sie nicht lieber nach Hause gehen – so mit Magen-Darm, mein ich ...", ruft ihm Frau Tipflink lautstark über den Flur nach.

„Jetzt fehlt nur noch, dass hier jemand sammelt, weil seine Cousine zweiten Grades, gemeinsam mit ihrer angeheirateten Schwiegermutter väterlicherseits zu einer Einschulungs-Party ihrer Großmutter eingeladen hat! Außerdem habe ich doch „Magen-Darm". Und nicht nur ich! Offenbar ist das Virus mutiert und befällt neuerdings auch Brieftaschen. Warum gehe ich eigentlich nicht nach Hause?", fragt sich Rudi.

Vorläufig soll ihm jedoch auch ein stilles Örtchen genügen. Wer jetzt an das Magen-Darm-Virus denkt, wandelt allerdings auf dem falschen Pfad. Rudi steuert vielmehr sein letztes Refugium, auch Haustechnik-Büro genannt, an.

Rechnungs-Roulette

Nachdem Rudi keine Mittel mehr zur Verfügung stehen, um die Schar wegelagernder Spenden-Ritter unter seinen Arbeitskollegen zufriedenzustellen, zieht er sich in sein Büro zurück. Hier wird er erfahrungsgemäß am wenigsten gesucht. Da er sowieso gerade beim Thema Geld ist, nimmt er sich die zu prüfenden Rechnungen vor. Aber zunächst inspiziert er seinen Schreibtisch und tauscht sein Alternativ-Monokel gegen seine Ersatzbrille.

Wer nun glaubt, Rechnungen seien eine langweilige Lektüre, der könnte sich irren. Rudi hat nämlich die Erfahrung gemacht, dass auch beim Schreiben von Rechnungen, dem Zeitgeist folgend, das beliebte Genre Fantasie-Geschichte immer häufiger zur Ausformung gelangt.

Im Moment hält er die Rechnung einer Firma, deren Arbeitsergebnisse ihn wenig beeindrucken konnten, in der Hand. Die Elektroinstallationsfirma Knall & Dunkel, deren Werkstatt kaum 800 m direkt auf der gegenüberliegenden Straßenseite liegt, möchte für die Reparatur der Gegensprechanlage in der Zahnarztpraxis Dr. Qual, einen Betrag von 2.900 Euro netto überwiesen haben.

Aus dem Stundenzettel geht hervor, dass ein Monteur, am 30. 02. des Jahres 25 Stunden an der Anlage gearbeitet hat. Zusätzlich wird eine Anfahrt von eineinhalb Stunden berechnet. Weiter musste ein Thermostatventil an der Gegensprechanlage ausgetauscht und eine neue Umwälzpumpe angeschlossen werden.

Irgendetwas an dieser Rechnung macht Rudi stutzig. Vielleicht liegt es daran, dass die vermietete Zahnarztpraxis im Hause, unter dem Namen Dr. Kieferkrampf firmiert, statt wie angegeben Dr. Qual. Möglicherweise erweckt auch nur der Umstand, dass seines Wissens gar keine Gegensprechanlage in der Zahnarztpraxis existiert sein Misstrauen.

Nach kurzem Überlegen greift Rudi spontan zum Telefon und wählt die Rufnummer, die sich ja auf der Rechnung findet. Nach nur einundzwanzig Rufzeichen wird am anderen Ende abgehoben.

„Hier Knall & Dunkel, Sie sprechen mit Anneliese Schwindel", leiert eine desinteressiert und nörgelnd klingende Stimme herunter. Rudi meldet sich und erklärt weitschweifig, dass sein Arbeitgeber einen größeren Umbau erwäge und er sich schon mal einen groben Überblick über die infrage kommenden Firmen verschaffen möchte. Neben der Umbauaktion seien auch noch mindestens tausend Meter EDV-Kabel neu zu verlegen. Sollte die Planung ins Stadium der Verwirklichung eintreten, würde, aufgrund der bisherigen außerordentlich Vertrauen erweckenden Zusammenarbeit, selbstverständlich die Firma Knall & Dunkel bei der Auftragserteilung für alle anfallenden

Elektroarbeiten nicht vergessen werden.

Die folgenden zwei, drei Sätze kann Rudi nicht richtig verstehen, weil Frau Schwindel plötzlich eine recht undeutliche Aussprache an den Tag legt. Irgendwie klingt ihre Stimme merkwürdig, man möchte fast „sabbernd" sagen. Auch muss sie häufig Schlucken, so als leide sie plötzlich an einer gesteigerten Speichelproduktion.

„Ach, eine Kleinigkeit hätte ich da noch", äußert er nun betont desinteressiert, „Ihre letzte Rechnung …, da blicke ich nicht so ganz durch. Aber lassen wir das jetzt, da muss ich mir die Rechnung erst noch genauer ansehen."

Am anderen Leitungsende ist für einen Moment undeutlich hektisches Getuschel zu vernehmen. Dann ist Frau Schwindel wieder voll da.

„Das ist ja jetzt spaßig. Genau wegen dieser Rechnung wollte ich Sie doch tatsächlich heute auch noch anrufen!" Ein perlendes Lachen schäumt aus dem Telefonhörer.

„Da hat sich bei uns wohl leider ein kleiner Fehler eingeschlichen. Aber wissen Sie was? Wir wollen daraus ja keinen Akt machen", erneut quellen Lachperlen aus dem Telefon „deshalb haben wir die Rechnung bereits storniert. Schicken Sie uns bitte ihre Originalrechnung einfach zurück, dann ist das erledigt", flötet Frau Schwindel. Dazu unterlegt sie ihre Stimme mit einem Timbre, das Rudis Solarplexus

Purzelbäume schlagen lässt! Sie fügt noch an:

„Übrigens feiern wir nächsten Monat unser dreijähriges Firmen-Jubiläum. Darf ich Ihnen dazu eine Einladung schicken? Es wäre doch sicher interessant, sich einmal persönlich kennenzulernen!"

Die letzten Worte werden von einem aufreizenden Gurren begleitet.

Rudi schüttelt seine Gänsehaut ab, bedankt sich gebührend und wirft, vor sich hin grinsend, die nebenbei eingetütete Rechnung in den Postausgangskorb.

Fliegen-Krieg

In zweitbester Bauernhoflaune schlurft Rudi einige Zeit später zum Frühstückstisch, wo sich Lissy, Ella und die Fliegen bereits niedergelassen haben.

Der schwarze, flugfähige Belag auf seinem Brötchen fördert zwar nicht gerade den Appetit, dafür aber die schlanke Linie. Selbst die in der Kaffeetasse um ihr Leben rudernden Tiere dürfen keinerlei Rettungs-Maßnahme von seiner Seite erwarten. Er ist jetzt ernsthaft sauer!

Während seine beiden Frauen sich voller Vorfreude in die Reitkleidung zwängen, kriecht Rudi halbwegs in die Schränke, rumort dort unter Scheppern und Klirren in deren tiefsten Winkeln herum und robbt fluchend auf dem Bauch durch die Wohnung, um unter die Möbel zu spähen.

„Hier muss doch irgendwo eine sein", grummelt er vor sich hin.

Seine intensive Suche fördert zwar ein ganzes Arsenal von Insekten-Bekämpfungsmitteln zutage (chemische, elektrische, giftige und klebrige), aber er sucht jetzt kompromisslos die persönliche Auseinandersetzung mittels einer Fliegenklatsche!

Zunächst sucht er allerdings noch die Klatsche.

So, wie Rudi da mitten im Wohnraum steht, mit Staub-Inseln eingepudert und dekorative Spinnweb-Fäden im verwuschelten Haar, dazu dieser leicht irre Blick eines zu allem entschlossenen „Don-Fliegen-Quichotte", kann das schon beunruhigend wirken. Die Frauen brechen jedenfalls ungewohnt pünktlich auf.

Einzig die Fliegen bleiben völlig unbeeindruckt. Ein Beobachter könnte leicht den Eindruck gewinnen, sie fänden Rudi ausgesprochen sympathisch, denn sie umkreisen wohlig-summend sein Haupt und suchen geradezu seine Nähe. Ja, es scheint, als würden sie sich an ihn schmiegen, wie sie da elf an der Zahl auf ihm Platz genommen haben. Rudi schreitet umschwirrt von Sympathisanten zur Tür.

Zwei Stunden später kehrt er aus der nächsten Ansammlung von Gebäuden, die sich hier frech Stadt nennen darf, mit einer handlichen und TÜV geprüften Fliegenklatsche - Modell: Tapferes Schneiderlein - zurück.

Nachdem er alle Fenster und Türen geschlossen hat, bereitet Rudi sich mit gymnastischen Lockerungsübungen und Dehnungen vor. Zuletzt lässt er sich im Buddha-Sitz auf dem Teppich nieder, leert sein Bewusstsein von allen vorüberziehenden Gedanken und konzentriert sich darauf, mental völlig mit seiner Aufgabe zu verschmelzen.

Als er eine Viertelstunde später wieder in Bewegung kommt, hat er sich in eine gnadenlose Kampfmaschine verwandelt. Federnd, die Klatsche wie ein Degenfechter locker vor sich haltend, die andere Hand auf die Hüfte gestützt, tänzelt er durch die Räume der Wohnung.

Durch eine scheinbar Fliegen-freie Wohnung! Nicht ein einziges Exemplar dieser niederträchtigen und feigen Bande traut sich aus seinem Versteck. Aber Rudi hat seine Widersacher inzwischen gründlich studiert! Er schnappt sich sein Buch, füllt ein Glas mit Limonade und legt sich - und unauffällig auch die Klatsche - auf das Sofa. Kaum, dass er die Augen schließt, siehe da, schon kommen sie aus Ecken und Winkeln, einzeln und in Verbänden, angeflogen. Ein Beobachter könnte den Eindruck, Rudi sei eine Art "Black-Hole", welches die umherfliegenden Insekten ansaugt, gewinnen! Erste Späher landen inzwischen auf ihm und in der Limonade, dicht gefolgt von wahrscheinlich Freiwilligen und besonders Mutigen. Das ganze Zimmer ist von ihrem Summen erfüllt!

Auf diesen Moment hat Rudi gewartet. Er springt, die Klatsche schon in der Hand, auf und verwandelt sich ohne Vorwarnung in einen Berserker! Unter seinen Hieben fallen zwei, drei, ja fünf Geflügelte gleichzeitig. Trotzdem bewegt er sich mit einer tänzerischen Leichtigkeit, die beinahe unheimlich anmutet. Darf man sich so vielleicht einen der berüchtigten, altjapanischen Ninja vorstellen? Rudi dezimiert mit jedem treffsicheren Hieb seiner virtuos geführten Klatsche die gegnerischen Truppen empfindlich.

Den Zweiflüglern gelingt es nicht mehr, eine geordnete Verteidigung aufzubauen, da Rudis präzise Streiche ihre Reihen schneller lichten, als sie Ersatz heranführen können. Ein Ausbruch blinder Panik ist die Folge. Eventuell vorhandene strategische Vorgaben werden nun blindlings über Bord geworfen und erleichtern dadurch Rudis vernichtenden Feldzug noch. Es ist ein einseitiges Gemetzel und selbst einzelne Flüchtlinge werden gnadenlos verfolgt und ausgelöscht.

Gegen jede Genfer Konvention werden selbst Unterhändler, bevor sie den Rüssel auch nur öffnen können, für immer zum Verstummen gebracht. Selbst das weiße Fähnchen, das drei verletzte Fliegen-Veteranen noch zu hissen versuchen, findet nicht die geringste Beachtung. Diese Schlacht gewährt kein Pardon!

Erst als sich nichts mehr rührt und kein noch so leises Flügel-Schwirren die lastende Stille betont, erwacht Rudi allmählich aus seinem rauschartigen Zustand. Verwundert schaut er um sich. Er steht mitten in einem Fliegenfriedhof! Der Fußboden ist von schwarzen Leibern übersät. Nur hier und da zuckt noch ein Bein. Die Limo tropft monoton vom Tisch und wird vom Teppichboden verschluckt. Das Trinkglas, einige Vasen und weitere Dekorations-Gegenstände müssen wohl als Kollateralschäden abgeschrieben oder ersetzt werden! Und, na ja, diese Wohnzimmerlampe …, die sah doch wirklich nicht besonders schön aus!

Während Rudi noch mit den umfangreichen Aufräumungsarbeiten beschäftigt ist, nähern sich draußen schnelle Schritte und die Eingangstür wird aufgerissen.

„Papa, Papa, du musst sofort kommen, eine Kuh bekommt gerade ein Kalb und wir dürfen dabei zusehen, echt! Das musst du sehen! Die Beine gucken schon raus!"

Die ersten Fliegen nutzen die Gelegenheit und verschaffen sich „Zuflug" durch den offen stehenden Windfang. Einige Immigranten und Umsiedler-Fliegen schließen sich direkt an.

Bis Rudi die Gefahr erkennt und „Tür zu!", brüllen kann, haben auch schon einige Explorer-Fliegen und mehrere Kleingruppen mit Aufklärungsauftrag den Hauptwohnraum erreicht. Ihnen folgen mit nur wenigen Flügelspannen Abstand, in wachsender Zahl, die als hartgesotten geltenden Pionier-Fliegen. Selbst fliegische Ausflugsgruppen haben die Einladung inzwischen dankbar angenommen.

Es vergehen weitere drei Sekunden, bis die völlig verblüffte Lissy reagiert. Diese Zeitspanne reicht der geflügelten Kavallerie aus, in wildem „Luft-Galopp" über und unter der Tür hindurch zu jagen. Bevor die Tür endlich ins Schloss fällt, quetscht sich eben noch schnell ein Fliegentrupp in Kompaniestärke herein und verteilt sich, unter Rudis entsetzten Blicken, nach strategischen Gesichtspunkten in der gesamten Wohnung. Ihn überläuft ein kalter Schauder, als ihm plötzlich klar wird:

Diesen Krieg kann er nicht gewinnen!

Pausen - Pirsch

Sollten das Schicksal oder etwas einfacher betrachtet, die äußeren Umstände es zulassen, dann gönnt sich Rudi auch schon mal eine Mittagspause.

Da keine 50 Meter von seiner Arbeitsstelle entfernt ein großer Einkaufs-Markt die Aussicht verstellt, bietet es sich an, während der Pause das eine oder andere an Einkäufen zu besorgen.

Das gelingt zumeist auch recht problemlos, solange er seinen Aufenthalt auf das Erdgeschoss, mit seiner unüberschaubaren Fülle an Gaumenfreuden, beschränkt. Dieser mangelnde Überblick bezieht sich durchaus auch auf die Höhe der Regale, denn Rudi misst, wie in seinem Ausweis dokumentiert, gerade mal 1.70 m. Da er im Antragsformular zugegebenermaßen ein bisschen aufgerundet hat und die natürliche Bandscheibenschrumpfung noch in Abzug zu bringen wäre ... .Kurzum, er weist höchstens 1.68 m Größe auf.

Im Klartext bedeutet dies: Die oberen Regal-Ablagen sind für ihn schlicht nicht erreichbar. Es sei denn, er versuchte es in Freeclimbing-Manier. Das kann ihm durchaus den spontanen Beifall der Miteinkäufer einbringen, aber es beinhaltet auch das Risiko, unter einer mit Fachböden durchsetzten Dosenlawine verschüttet zu werden! Alternativ fragt Rudi auch schon mal eine gebrechlich wirkende ältere Dame, ob sie ihn auf die Schultern nehmen könnte. Oder er bittet gleich den Filialleiter, ihm kurz "die Hühnerleiter" zu machen!

Weitaus ärgerlicher findet er jedoch die von dem berüchtigten „Umräumfieber" befallenen Beschäftigten. Diese höchst bedauernswerten Angestellten und Aushilfskräfte werden von wegschauenden Filialleitern auch noch indirekt darin unterstützt, dass sie ungehemmt und unaufhaltsam, in ameisenhafter Emsigkeit, ganze Regal-Inhalte in andere Bereiche der Verkaufsfläche verschleppen. Damit nicht genug verwischen sie anschließend sorgfältig jede Spur, die auf den neuen Aufbewahrungsort hinweisen könnte.

Selbstverständlich kennt Rudi die vermutlich gezielt ausgestreuten, absurden Gerüchte. Da wird drauflos gemutmaßt, manche Einzelhandelsketten beschäftigten sogar abgehalfterte Profiler. Der Zweck solle darin bestehen, Strategien zu entwickeln um den gar nicht so seltenen GEK (gezielt einkaufender Kunde) in die sonst von ihm gemiedenen Regal-Abschnitte zu locken.

Der verwirrte, suchend umherirrende Kunde soll dabei in einen Zustand versetzt werden, in dem er seinen Einkaufswagen unkontrolliert mit Artikeln befüllt. Mit Artikeln, von denen er bisher gar nicht wusste, dass sie hier angeboten werden. Und noch weniger, dass er sie überhaupt benötigt! Sein ursprüngliches Kaufziel, nehmen wir als solches einfach ein Päckchen Speisesalz zu 29 Cent an, dürfte er inzwischen ohnehin vergessen haben. Dies zwänge ihn am darauf folgenden Tag zu einem erneuten Besuch in den Laden.

Rudi kann darüber nur müde lächeln. Er hat da seine ganz eigene Vermutung:

Sollte der potenzielle Käufer besagtes Päckchen Salz nicht mehr bei den Gewürzen finden und es beim Zucker auch vergeblich suchen, wird er notgedrungen eine Markt-Angestellte um Auskunft bitten. Nun kommt der entscheidende Punkt in Rudis Theorie:

Warum ist in diesem Moment weit und breit

garantiert kein Marktmitarbeiter auffindbar? Die Antwort ist laut Rudi durch Beobachtung sehr einfach herauszufinden. Hier ein Beispiel:

Die mit dem unheilbaren Umräumfieber infizierten Beschäftigten haben kürzlich die Salzpäckchen nahezu unauffindbar zwischen Gewürzgurken und Königsberger Klopse angesiedelt. Nun sind sie allesamt, auf ein kurzes Signal aus dem verspiegelten Filialleiter-Büro, eiligst in eben diesem Raum verschwunden. Wie sie so davon wuseln, drückt sich eine hämische Vorfreude in ihren Gesichtern aus. Breit grinsend, in sich hinein lachend, kichernd und glucksend, flitzen sie in das Büro.

Das ist doch wohl kaum als normales Verhalten zu bezeichnen, meint Rudi. Sollte man nicht viel eher erwarten, ein Abruf in das Chefbüro löse Unsicherheit und Unwohlsein aus?

In Wirklichkeit sitzen vermutlich alle anwesenden Angestellten, die verfügbare Marktleitung und sogar der Profiler im Überwachungsraum. Die Aufsicht übernimmt vielleicht den Ausguck und informiert über ein akustisches Signal die verfügbaren Angestellten, sobald ein Opfer auf die entsprechend vorbereiteten Regal-Bereiche zusteuert.

Nur Sekunden später beobachten dann alle durch die, selbstverständlich nur einseitig verspiegelte Scheibe, den bedauernswerten Salzsucher!

Ach, ist das nicht herrlich, diese blöden Gesichter,

die die Kunden während der Suche schneiden! Dazu dieses hilflose durch die Regal-Reihen irren und erst, wenn sie das Salz dann doch noch zwischen Gurkenglas und Konservendose entdecken, diese unnachahmlichen Minenspiele! So wird den heimlichen Beobachtern echtes Lachmuskeltraining geboten!

Doch, doch, für ein derartiges Spaß-Programm kann man sogar auf ein auskömmliches Gehalt verzichten!

Na ja, soweit Rudis etwas eigenwillige Theorie.

Im Moment steht er am Info-Tresen und versucht, seinen Rucksack dort zu deponieren. Er ist bekanntlich ein wenig pedantisch und da hängt nun mal ein Schild, welches das Mitführen von Taschen in die abgesperrte Innere-Kaufzone untersagt.

Das kann Rudi auch durchaus verstehen, denn die dort, sozusagen freilaufenden Artikel, streben nun mal danach aus ihrer Regal-Existenz erlöst und mitgenommen zu werden. Manches mitfühlende Herz kann da einfach nicht Nein sagen, selbst dann nicht, wenn der Geldbeutel keine Mildtätigkeit mehr erlaubt. Außerdem soll es Einzelhandelsartikel geben, die tatsächlich unbemerkt und selbstständig in Taschen vordringen und sich darin einnisten. Zumindest beschwört das die seriös wirkende Dame, die auf der gegenüberliegenden Seite des Infostandes gerade von einem Haus-Detektiv befragt und gefilzt wird. Selbstverständlich äußerst diskret - versteht sich!

Nachdem die interessiert zuschauende Menge sich

wieder halbwegs verlaufen hat, steht Rudi einem weiteren Problem gegenüber. Anscheinend trägt er heute einen Tarnanzug. Denn er gewinnt den Eindruck, weder für die überlastete Dame hinter dem Tresen noch für die anderen Kunden sichtbar zu sein.

Er hievt nun schon zum vierten Mal schwungvoll seinen Rucksack auf die Theke. Er folgt der irrigen Hoffnung, dadurch bei der Dame auf der anderen Seite des Tresens wenigstens einen Hauch von Aufmerksamkeit zu erregen. Rudi parkt nun schon gefühlte 15 Minuten vor dem Tresen und die Menschen um ihn herum sind gekommen und wieder gegangen.

Andere genervte Kunden haben ihre Plätze eingenommen, um ein Paar linker Sandalen, einen nur aus zwei Oberteilen bestehenden Bikini oder ein Überraschungs-Ei ohne Inhalt, zurückzugeben.

Letzteres Thema findet Rudi durchaus interessant. Er kann sich der Argumentation der Verkäuferin - der nicht vorhandene Inhalt sei unzweifelhaft mit dem Ausdruck Überraschungs-Ei treffend umschrieben - nicht völlig verschließen. Die aufgeworfene Frage, ob ein Überraschungs-Ei neben dem Kassenbon auch die vollständig erhaltene Ummantelung der Schokolade aufweisen müsse um umtauschbar zu sein, wird über den Abteilungsleiter an den Filialleiter weitergereicht.

Inzwischen drängen sich erneut reichlich Kunden neben und hinter Rudi und versuchen, ihn in die zweite oder noch besser, letzte Reihe zu verschieben. Um dieses Ziel zu erreichen, bedient man sich diverser Nahkampf-Techniken. Ein kurzer Tritt an den Knöchel, ein Ellbogenstoß auf den Solarplexus, ein Schirmstich in die Kniekehle oder ein Handtaschenschwung in die Nierengegend, all das gehört zum Grundrepertoire des geübten "Anstehers". Das eigentliche Geheimnis liegt dabei in der Kunst, diese Aktionen völlig ungeplant und zufällig erscheinen zu lassen.

Doch Rudi behauptet zäh seine Stellung, in einem unsichtbaren, verbissenen Kampf um jeden Millimeter, denn er möchte keinesfalls den Kontakt zu seinem Rucksack verlieren.

Ansonsten bringt er durchaus Verständnis für die Angestellte in dem Servicestand auf. Sie hastet von der Rückseite:

„Führen Sie auch ungelegte Eier?", irritiert zur Vorderseite zurück, wo sie aus dem A-cappella-Chor die lauteste Stimme erhört. Zu Rudi dringen allerdings nur die Worte "Zahnbürste" und "zu hart" durch.

„Nein, gebrauchte Zahnbürsten tauschen wir nicht um!"

„Nu hörn Se mal, Schuhe ham se och jerad eben umjetoscht!"

„Das ist doch etwas anderes - wegen der Bakterien", presst die Angestellte kurzatmig hervor, während ihr der Schweiß von der Stirn auf das Formular eines weiteren Kunden tropft. Der Typ will einfach nicht akzeptieren, dass seine zwei Bio-Bananen sechs

Kilogramm wiegen!

„Wieso soll dat denn nu wat Anneres sin? Bei meine schlimme Fußpilz zum Beispiel ..."

Auf der anderen Seite des Info-Standes klingelt laut ein Telefon.

„Ich brauch mal den Schlüssel!", ruft eine Frau, die sich vergeblich aus der zweiten Reihe vorzudrängen versucht und jetzt mit den Armen in der Luft herum fuchtelt.

Die Angestellte reicht ihr, über die Köpfe der ersten Reihe hinweg, einen Schlüssel. Das Telefon klingelt weiter. Dazu gesellt sich jetzt noch ein durchdringender Summton aus der anderen Ecke. Dort warten lärmend einige Jugendliche die, ohne Einkauf, den Laden verlassen möchten und dazu eine Türentriegelung benötigen.

Die Info-Angestellte zögert einen kaum merklichen Augenblick. Vermutlich wägt sie gerade ab, in welche Bresche sie sich als Nächstes werfen soll. Die versammelte Kundschaft nutzt die Chance und alle stoßen zeitgleich, durcheinanderredend und gestikulierend, in die Lücke hinein:

"Hören Sie Mal, ich brauche ..." "... dringend einen neuen ..." "... mein Mann ..." "... funktioniert nicht mehr ..." "... geht das auf Garantie?" "... kann ich ihn" "... umtauschen, oder ..." "... hier abgeben ..." "... zur Entsorgung".

Rudi lässt das fünfte Mal seinen Rucksack, ebenso

dynamisch wie erfolglos, auf die Theke krachen.

Die Angestellte füllt hastig zwei weitere Laufzettel aus, wirbelt herum und hechtet an das penetrant schrillende Telefon. Sie schafft es gerade noch, sich zu melden, da wird sie von einem mehrstimmigen Johlen unterbrochen. Bei dem Versuch, die Absperrung über die Notentriegelung zu öffnen, haben die Jugendlichen diese weitgehend demontiert. Nun klettern sie lachend und feixend über die verbogenen Reste hinweg.

Entsetzt stürzt die Info-Dame den Jugendlichen nach. Fatalerweise vergisst sie in der Aufregung das Festnetztelefon, dessen Hörer sie mit einer Hand noch fest umklammert hält. Drei Schritte weiter gibt es einen heftigen Ruck, der nicht nur ausreicht, ihr die Beine unter dem Körper wegzuziehen, sondern zugleich auch noch das Telefon von der Wand reißt. Es darf noch einen sehr kurzen Moment des Freiflugs genießen und zerschellt dann auf dem Boden, auf dem sich nur Sekundenbruchteile später auch die Service-Mitarbeiterin wiederfindet!

Die allgemeine Verblüffung, gepaart mit ihrem beherzten Einsatz, ermöglichen der Dame mit dem Schlüssel den direkten Durchbruch zum Tresen. Mit den Füßen trippelnd und leichter Panik in der Stimme ruft sie der, gerade im Aufrappeln begriffenen, Info-Frau zu:

„Das ist der Falsche! Ich meine den Schlüssel.

Verstehen Sie? Der ist für die Männer! Wo haben Sie denn den anderen?" Sie wirft den Schlüssel auf die Theke.

„Der ist dann wohl nicht hier," antwortet die wieder auf den Beinen stehende Angestellte suchenden Blickes, während sie sich noch ihre rückseitige Wölbung massiert. Die „Schlüssel-Frau" steht mit überkreuzt zusammengepressten Beinen da und starrt sie verzweifelt an:

„Ja, aber wo ist er denn?"

„Ich nehme an, jemand sitzt halt drauf!", erwidert die Info-Dame mit allmählich wegbröckelnder Freundlichkeit. Die Schlüssel-Sucherin schaut sich hilflos um und krümmt sich leicht. Dann schnappt sie sich wild entschlossen erneut den gerade abgelegten Schlüssel, murmelt etwas von „…. jetzt auch egal!", und trippelt hastig, mit diesen seltsam überkreuzten Beinen in Richtung der Toiletten davon.

Fünf Minuten später ist Rudi, allein vor der Theke stehend, auch endlich dran und weist auf seinen Rucksack. Die Info-Dame sucht ein wenig herum und verkündet dann:

„Wir haben gar keine Abholmarken mehr. Aber das macht ja nichts. Sagen Sie einfach, sie möchten den blauen Rucksack, das reicht auch. Sie werden doch wohl Ihren Rucksack wiedererkennen?!" Mit einem fröhlichen Auflachen lässt sie seinen Transportbeutel hinter der Theke verschwinden.

Rudi hat nun doch einiges an Zeit verloren und muss sich entscheiden. Soll er noch einige Einkäufe tätigen oder sich in die 1. Etage begeben? Er wollte dort schon seit längerer Zeit eine Frage zur Umstellung von Glühbirnen auf LED-Leuchten an den Elektro-Fachverkäufer richten. Aber er betritt die obere Etage nur noch äußerst ungern. Und das aus gutem Grund!

Rudi erinnert sich:

Seit mehreren Wochen versuchte er nun schon, eine Auskunft zu den neuen Leuchtmitteln zu erhalten. Der Elektro-Fachverkäufer wäre der richtige Auskunftgeber - so er denn auffindbar wäre. Rudi wurde langsam ernstlich sauer. Er hatte mittlerweile Stunden damit zugebracht, diesem so kontaktscheuen Menschen aufzulauern, sich an ihn anzupirschen oder wenigstens seine Fährte aufzunehmen. Er hatte auch einige seiner Mittagspausen geopfert, in der irrigen Überzeugung, irgendwann müsse dieser Verkäufer ja mal wieder auftauchen.

Und so gingen Wochen ins Land, bis er dieses scheue Wesen eher zufällig und nur flüchtig in einem entfernten Regal-Durchgang zu Gesicht bekam. Anfangs glaubte er noch an eine ausgedehnte Urlaubsreise oder eine schwere Erkrankung des Verkäufers. Selbst einen tragischen Todesfall zog er in Erwägung. Später hegte er sogar den Verdacht, neuerdings habe man sich die Verkaufskraft in der

Elektroabteilung einfach gänzlich geschenkt.

Doch Nachfragen bei einigen anderen verloren herumirrenden Kaufwilligen ergaben: Gerüchteweise habe man schon von einigen Sichtungen gehört. Alteingesessene Kunden meinten, sich daran erinnern zu können, früher manchmal sogar mehrere ins Gespräch vertiefte Verkaufskräfte angetroffen zu haben. Allerdings sollten sie schon zu damaliger Zeit einen erstaunlichen Instinkt für, von Fragewut getriebene Kunden, besessen haben. Kaum wendete man sich ihnen zu, spritzten sie blitzartig in unterschiedliche Richtungen auseinander und waren in Sekundenschnelle spurlos verschwunden.

Es gelang Rudi überdies, eine Putzfrau zu interviewen, die ihm glaubhaft versicherte, diesem Verkäufer bereits einmal persönlich begegnet zu sein. Angeblich sollten bei dieser Gelegenheit sogar ein paar Worte gewechselt worden sein.

Rudis weitere Versuche, die Laufpfade dieses geisterhaften Angestellten auszuspionieren, um ihn gnadenlos mit seiner Frage in die Enge zu treiben, scheiterten allerdings kläglich. Selbst der Trick, die ungenutzt in einem Hauptgang herumstehende Leiter des Dekorateurs als Hochsitz mit Regal-Überblick zu missbrauchen, blieb erfolglos. Immerhin gelang es ihm, in tagelangen unauffälligen Beobachtungen - während der inzwischen aufmerksam gewordene Hausdetektiv seinerseits ihn tagelang unauffällig beobachtete -

herauszufinden, dass es eine Tür zum Lager gibt, die als letzte Fluchtmöglichkeit und sicheres Refugium vor aufdringlichen Kunden genutzt wird.

Rudi geriet allmählich in akutes Jagdfieber und war jetzt fest entschlossen, dieses ungreifbare Wesen endlich zur Strecke zu bringen. Er würde es erst dann wieder aus seinen Fängen lassen, wenn es ihm seine Frage zufriedenstellend beantwortet hätte.

Um ungesehen die im 1. Stock gelegene Elektro-Abteilung zu erreichen, nutzte er schamlos seine lange zurückliegende Ausbildung bei der Bundeswehr. Der hauteng anliegende Tarnanzug mit Kapuze, ein paar Schuhcreme-Flecken im Gesicht und dazu gut eingelaufene Springerstiefel sollten seinen Einsatz unterstützen.

Zur weiteren Tarnung kam ihm ein vermutlich kurzfristig abgestellter, mit Babywindeln beladener Einkaufswagen gerade recht. Er griff zu und schob sein Gefährt Haken schlagend und möglichst unauffällig durch die Gänge, bis er sich auf Umwegen der Rollrampe zur 1. Etage genähert hatte. Auf diese Weise überzeugte er sich zugleich von der üblichen Abwesenheit des Hausdetektivs zu dieser Tageszeit.

Als Nächstes drückte er den „Windel-Transporter" einem, sich orientierungslos umschauenden jungen Mann, der ein schreiendes Kleinkind auf dem Arm trug, in die freie Hand. Der jetzt noch verwirrter wirkende „Jung-Vater" wurde bereits von einigen stehen gebliebenen Frauen misstrauisch taxiert.

In dieser Situation achtete niemand mehr auf Rudi, der sich am Fuß des Rollbandes geschmeidig auf die Knie sinken ließ. Dann robbte er auf die Transportrampe, auf der er regungslos in Bauchlage verharrte, um seine immer fluchtbereite Beute nicht frühzeitig aufzuscheuchen.

Die drei Jugendlichen, die johlend über ihn hinweg trampelten, nahm er mit zusammengebissenen Zähnen schweigend in Kauf.

Oben angekommen huschte er geduckt von Regal zu Regal, immer wieder vorsichtig sichernd, bis an die Grenze der Elektroabteilung, wo er sich flink mit einem „Angebots-Wasserkocher" bewaffnete und sich vor dem Pappwerbeschild in perfekter Tarnung auf einem Bein, die Arme jubelnd ausgestreckt, postierte.

Sein wochenlanges Yoga-Training zahlte sich jetzt aus. Bewegungslos verharrte er, bis sich ein Schatten in der Lagertür abzeichnete. Vorsichtig nach allen Seiten sichernd, huschte dieser Geister-Verkäufer hinter eine Warenpalette, um dort lautlos mit dem Hintergrund zu verschmelzen. Jetzt kam es darauf an! Rudi spurtete durch den Gang, flankte locker über einen Wühltisch und sah sein Opfer zur Flucht ansetzen. Das durfte er keinesfalls zulassen, wofür hatte er sich wochenlang intensiv vorbereitet?

Er gab nun jegliche Haltung auf, hetzte den Quergang entlang, nahm mit quietschenden Sohlen die zu enge Kurve, brachte dabei den Ständer mit der Volksmusik zum Einsturz und setzte, in bester Ninja-Manier, über ein Regal hinweg. Noch im Fallen griff er zu, umklammerte seine Beute und setzte sie erbarmungslos fest.

Während sich das Regal hinter ihm scheppernd in Elektroschrott umsortierte, entschuldigte er sich kurz bei der alten Dame, die er im Schwitzkasten hielt! Stattdessen stürzte er sich auf den verblüfft stehen gebliebenen Verkäufer. Noch nach Atem ringend packte er ihn an seinen blauen Kittel-Aufschlägen und schleuderte ihm entgegen:

"Verdammt, jetzt habe ich meine Frage vergessen!"

So richtig gern geht Rudi dort nicht mehr einkaufen!

Stunden-Poker

Nachdem Rudi sich ein spätes Frühstücksbrot einverleibt hat und nebenher ein wenig im Internet surfen war, fühlt er sich für neue Aktivitäten gestärkt. Er ist der Meinung, einen Kaffee hätte er sich auch noch verdient und will sich auf den Weg in die Küche begeben. In diesem Moment schmettert aus seinem Handy ein waidgerechtes "Hallali".

Okay, Herr Senscheff ruft, und da Rudi ohnehin gleich im Büro nebenan residiert, schenkt er sich die

Rufannahme und drückt das Gespräch einfach weg. Er lässt das Telefon in die Tasche zurückgleiten und steht nach wenigen Schritten vor dem Büro des Firmengründers. Nach einem sehr dezenten, man könnte fast sagen unhörbarem Anklopfen, öffnet er ebenso leise die Tür.

„Hallo, Herr Senscheff, was kann ich für Sie tun", fragt er den Boss.

Der zieht das Handy dichter an sein Ohr und spricht in das Gerät:

„Hallo Rudi, können sie so um 15:00 Uhr kurz zu mir kommen? Wir müssten da noch etwas besprechen."

Herr Senscheff blickt etwas irritiert auf sein Telefon. Wahrscheinlich wundert er sich über den immer noch zu hörenden Rufton.

„Wenn Sie möchten, könnte ich auch sofort da sein. Ich bin nämlich viel näher, als Sie das im Augenblick vermuten", antwortet Rudi, lässig an den Türrahmen gelehnt und mit einem breiten Grinsen im Gesicht.

In diesem Moment meldet sich fatalerweise erneut Rudis Handy. Zur Abwechselung trompetet dieses Mal, nur durch eine Lage Baumwollgewebe gedämmt, ein ausgewachsener Elefant in Rudis Hosentasche.

Herr Senscheff fährt herum und starrt entgeistert auf Rudi. Leider rutscht ihm bei dieser Aktion das besonders kleine und wohl auch besonders teure Mobiltelefon aus der Hand. Es landet mit einem irgendwie endgültig klingenden, glucksenden Geräusch aufrecht in Herrn Senscheffs Wasserglas.

„Rudi! Jetzt haben Sie mich aber erschreckt!" stößt er hervor. „Was um Himmels-Willen war das denn für ein Geräusch?"

„Ach, der Elefant, das ist nur der Sonderrufton für die Anrufe meiner Frau", erklärt ein feixender Rudi.

„Es kann nie schaden, im voraus zu wissen, wer einen gerade so sprechen will," fügt er an und grinst Herrn Senscheff verschwörerisch zu.

Dabei hofft er nur, der Boss kommt jetzt nicht auf die Idee, seinen eigenen Rufton zu erkunden. Das wäre durch einen Testanruf ja schnell erledigt. Aber ein Blick auf das Wasserglas mit Einlage wirkt in dieser Beziehung sehr beruhigend auf ihn.

„Sie entschuldigen eben?" Er nimmt das Gespräch an und erklärt Ella, dass er gerade in einer Besprechung sitzt und später zurückrufen wird.

„Da Sie schon mal hier sind", Herr Senscheff weist auf einen Stuhl vor dem Schreibtisch, „setzen Sie sich doch." Rudi ahnt Schlimmes. Üblicherweise vermeidet er es, auf diesem Stuhl zu sitzen und täuscht größte Eile vor, um stehen bleiben zu können. Heute sieht er jedoch keine Ausweichmöglichkeit und lässt sich auf dem „Du-hast-schon-verloren-Stuhl" nieder.

Herr Senscheff lässt seinen Blick sinnend auf Rudi ruhen und greift gedankenverloren nach seinem Glas. Rudi, in seiner Eigenschaft als Ersthelfer und Sicherheitsbeauftragter, befällt eine leichte Unruhe.

Er stellt sich die Frage, ob es gesundheitsbedenklich sein könnte, ein Handy zu verschlucken.

„Herr Senscheff, ich glaube, da schwimmt etwas in ihrem Glas", bemerkt Rudi, mit dem Finger zeigend.

„Wie, bitte?"

Herr Senscheff richtet seine Aufmerksamkeit auf das Glas. Er erstarrt für einen Augenblick und schaut dann fragend und mit fassungslosem Staunen in Rudis Augen, so als erwarte er, dort eine Antwort auf dieses und andere Rätsel des Universums zu entdecken!

Anschließend betrachtet er erneut sein angereichertes Wasserglas und stellt es dann sehr behutsam beiseite. Irgendwie erinnert der Anblick Rudi an einen Anatomie-Raum. Dort stehen auch oft Gläser mit, in konservierende Flüssigkeit, eingelegten Organen, Föten und ähnlich Unappetitlichem herum.

„Tja, wo waren wir ...? Ach ja, Handy ..., Unsinn ..., es geht um ihre Überstunden."

Während dieser wenigen Worte durchläuft Herrn Senscheffs Mimik eine faszinierende Metamorphose. Wie in einer Zeitraffer-Aufnahme bildet sich sein gerade noch staunendes Kindergesicht um. Durch viele kleine Muskelverschiebungen zerfließen die Züge und formen sich neu. Das Ergebnis zeigt eine knallharte Business-Mine!

Rudi ist fasziniert von dieser Verwandlung und fragt sich, ob Herr Senscheff wirklich auf diesem Planeten geboren wurde. Doch jetzt reißt er sich von solchen

Überlegungen los, denn er ahnt, dass es nun spannend werden könnte.

„Herr Wendtaler hat mich darauf angesprochen, dass Sie sich ihre Überstunden auszahlen lassen möchten."

Herr Senscheff fixiert Rudi. Es entsteht eine lange Pause. Rudi weiß selbstverständlich von der Entscheidung der Geschäftsleitung, möglichst keine Überstunden zu bezahlen, aber seine Überstunden waren notwendig und so einfach will er sie nicht aufgeben. Er entspannt sich und versucht, sich nicht unter Druck setzen zu lassen.

„Es handelt sich um 350 Stunden!?"

Rudi nickt.

„Das sind ja zwei Monate!"

Herrn Senscheffs Augen ziehen sich zusammen und sein Blick wird stechend.

„Inzwischen sind es 370 Stunden", wirft Rudi völlig gelassen ein.

Schweigen breitet sich aus. Herr Senscheff wartet. Rudi kann das auch.

Schweigen erfüllt den Raum.

„Wie wäre es denn ... mit abfeiern?", sinniert Herr Senscheff in die Stille hinein.

„Ich habe übrigens noch 55 Tage Urlaub offen - aber, wenn Sie meinen ..."

Der Boss zuckt leicht zusammen.

„Nein, nein, das geht ja überhaupt nicht."

Irgendwie scheint sich Herr Senscheff vor seiner eigenen Idee erschreckt zu haben.

Das Schweigen kehrt zurück.

„Sie wissen aber, dass die Planer ihre Überstunden auch nicht geltend machen können?" Herrn Senscheffs Blick saugt sich fest und bohrt sich in Rudis Augen. Rudi erinnert sich seiner, zumindest theoretischen Meditationskenntnisse. Er leert seinen Geist von allen Gedanken und Gefühlen, indem er sich vorstellt, wie diese langsam durch seinen Körper abwärts sinken und unter seinen Sohlen im Boden versickern. Er ist sich zwar gar nicht mehr so sicher, ob dies wirklich die richtige Technik ist, aber es scheint immerhin zu funktionieren.

Die Stille kriecht erneut aus den Ecken und verteilt sich im Raum.

Herr Senscheff hält einen kurzen Monolog zur angespannten wirtschaftlichen Lage unter Berücksichtigung der speziellen Position und des ungewöhnlichen Arbeitseinsatzes von Rudi. Er schließt mit den Worten:

„Was machen wir denn jetzt?"

Die Zeit dehnt sich, das Schweigen lastet, und die Stille entwickelt etwas Bedrückendes. Rudi ist, obwohl optisch nachweisbar, eigentlich gar nicht anwesend.

Herr Senscheff mustert seine Hände und wartet anscheinend auf etwas. Er seufzt.

Die wortlose Leere erobert den Raum zurück und

scheint sich zu verdichten. Wie eine Präsenz die sich jeden Augenblick weiter manifestiert. Die Stille strahlt etwas Unheimliches aus und sogar der innerlich gar nicht anwesende Rudi empfindet ihre unerträgliche Verdichtung.

„Was machen wir nun?" Herr Senscheff wirkt ein wenig angegriffen und zählt zum wiederholten Mal seine Finger durch.

Bevor das Schweigen noch dominanter wird, fasst Rudi den Entschluss, aus dem Teppichboden zurückzukehren.

Dynamisch schiebt er plötzlich seinen Stuhl nach hinten, erhebt sich trotzdem sehr gelassen und streckt, mit den Worten:

„Sie haben recht, ich finde, ich sollte auch meinen Teil beitragen", Herrn Senscheff die Hand entgegen.

Der Boss wirkt zunächst irritiert. Bei den Worten Rudis entspannt er sich jedoch zusehends und ergreift spontan die dargebotene Hand. Während sie einvernehmlich die Hände schütteln, bemerkt Rudi noch:

„Ich sage dann Herrn Wendtaler, dass er mir 350 Stunden auszahlen soll, und die verbleibenden 20 spende ich der Firma. Jetzt muss ich aber wieder an meine Arbeit – sonst muss ich womöglich weitere Überstunden leisten."

„Wir sind doch durch, oder?", fügt er lächelnd an und lässt Herrn Senscheffs Hand los, die für einen

Augenblick noch erstarrt in der Luft hängen bleibt, bevor sie seltsam schlaff herabsinkt. Überhaupt wirkt der Boss wie vom Donner gerührt und seine Gesichtsfarbe hat ins Gräuliche gewechselt.

„Äh, wie, nein, ähm, ja, aber, ach, schon gut ..."

Rudi entscheidet sich, die Frage, ob es Herrn Senscheff gut geht, jetzt lieber nicht zu stellen. Stattdessen wünscht er ihm noch einen schönen Tag und verschwindet eilends durch die Tür. Jetzt wird ihm der Kaffee bestimmt noch besser schmecken.

Wander-Wahn

Nun sind Fliegen, oft völlig unbeachtet, zwar die meist verbreitete Tierart auf deutschen Bauernhöfen, aber Rudi hat inzwischen eingesehen, dass er seinen Fliegen-Krieg auf Dauer nicht gewinnen kann. Außerdem besitzt er schließlich auch noch andere Interessen, als Fliegen zu meucheln.

Rudi hat sich vorgenommen, in diesem Urlaub etwas für seine Gesundheit zu tun und sich deshalb Nordic-Walking Stöcke eingepackt. Es handelt sich dabei um das bisher unbenutzte Weihnachtsgeschenk von Ella. Zusätzlich wurde ihm eine gründliche, theoretische Einweisung durch einen befreundeten professionellen Nordic-Walker mit auf den Weg gegeben und er meint nun, es dürfte ja wohl kein Problem darstellen, diese

Bewegungsabläufe in die Praxis umzusetzen.

Allerdings fühlt er sich heute noch sehr müde, denn in der vergangenen Nacht hatte er ungebetenen Besuch. Rudi schläft, der ausgesprochen gesunden Luft zuliebe, bei geöffnetem Fenster. Dieses befindet sich am Fußende seiner Schlafstätte und weist idyllischerweise direkt auf eine umzäunte Wiese hinaus. Mitten in der Nacht und aus tiefstem Schlaf gerissen, schlug er plötzlich die Augen auf. Irgendetwas Ungewohntes hatte ihn geweckt. Rudi lauschte in die stille Dunkelheit hinein.

Da! Ein merkwürdiges Schmatzen war zu hören, ein dumpfes Aufstampfen und, trotz völliger Windstille, das Rascheln von Blättern direkt vor seinem Fenster. Im Widerschein des schwachen Mondlichts zeichnete sich ein monströser Schatten im Fensterrechteck ab. Rudi lag erstarrt, und bevor er noch aus dem Bett springen konnte (falls er es sich überhaupt getraut hätte), schob sich dieser unheimliche Schatten direkt an das Fenster. Das Blätter-Rascheln schwoll zum Getöse an und mit ungefähr der Lautstärke eines startenden Jets, prustete der Schatten ein unbeschreibliches „Blubberschnaubschlupschlabl" in das eben noch friedlich träumende Zimmer.

Rudi stockte der Atem und seine Haare standen einzeln steil in alle Richtungen. Nachdem er die 30 cm, die es ihn in die Luft gerissen hatte, ins Bett zurückgeplumpst und vor allem der Herzstillstand überwunden war, erkannte Rudi endlich, dass diese Nacht ein Pferd die Koppel bevölkerte.

Ein Pferd übrigens, das etwas mit den hiesigen Fliegen gemeinsam hat, nämlich eine ungebremste Kontaktfreudigkeit!

Aus Ellas Federbetten-Gebirgslandschaft ließ sich nur eine verschlafene Stimme vernehmen.

„Musst du immer so laut schnarchen?"

Rudi erwiderte darauf lieber nichts, denn wenn Ella von dem Pferdebesuch erfahren würde, säßen sie und ihre Tochter Lissy dazu, den Rest der Nacht wahrscheinlich vor dem Kontaktfenster. Aber das blieb Rudi glücklicherweise erspart, und so schlief er im ersten Morgengrauen doch noch einmal ein.

Während die Frauen längst wieder Fjordpferde striegeln oder die inzwischen auf fünf hungrige Mäuler angestiegene Jungkälber-Schar mit der Flasche füttern, zieht sich Rudi die kurze Hose und seine supergedämpften, neuen Walking-Schuhe an. „Damit muss sich das Gehen doch in reinstes Vergnügen verwandeln", denkt sich Rudi.

Die Stöcke unter den Arm geklemmt verlässt er rückwärtsgehend die Wohnung, um hinter sich abzuschließen. Dabei tritt er auf etwas Bewegliches, das schrecklich laut kreischen kann.

Ach ja, er hat die Hofkatzen vergessen, die, weil seine Tochter das Füttern nicht unterlassen konnte, inzwischen den Belagerungszustand der Hütte ausgerufen haben. 24 Stunden am Tag beobachten mindestens zwei Katzen die Eingangstür, starren frech durch die Fenster und führen wahrscheinlich Buch über die Häufigkeit der vorgenommenen Kühlschranköffnungen. Fühlen sie sich von ihrem Überwachungs-Job erschöpft, legen sie sich lang ausgestreckt vor die Eingangstür. So haben sie auch im Schlaf die volle Kontrolle - einigen Behörden-Pförtnern gar nicht so unähnlich.

Nach ein paar gestreichelten Entschuldigungen marschiert Rudi voller Elan los. Leider hat er noch keine praktische Erfahrung mit den Nordic-Walking-Stöcken sammeln können und braucht deshalb eine volle Viertelstunde, bis er die speziellen Handschuhe richtig angelegt hat.

Diese Zeit hat der bisher strahlend blaue Himmel genutzt, um die Kulissen zu verschieben. Rudi hat jedoch keinen Blick für die dräuende Wolkenballung. Er stapft, verbissen mit Armen und Beinen kämpfend, durch die sehr anheimelnde Landschaft.

Blühende Kräuter und knorrige Eichen säumen seinen Weg. Vorüber geht es an halbhohen Maisfeldern, die bereits durch ein erstes Rascheln warnen. Auf saftiggrünen Weiden wiederkäuen zufriedene Rindvieh-Familien und leuchtend bunte Schmetterlinge flattern bereits in Deckung.

Rudi versucht immer noch, seine theoretischen Nordic-Walking Kenntnisse umzusetzen, allein es geht ihm, wie dem sprichwörtlichen Tausendfüßler. Sein rechter Arm weigert sich, im Takt mitzuschwingen und irgendein Bein schlurft hinterher. Auch das synchrone Öffnen der Hände und das wieder Aufnehmen der zurückschwingenden Stöcke erweisen sich als gar nicht einfach. Lässt er auch nur ein wenig in der Konzentration nach, gerät jede koordinierte Bewegung abhanden.

Einen solchen Moment nutzt die Stockspitze, um sich geschickt in die Schnürbandschlaufe einzufädeln und sich in einem Zuge in die Erde zu bohren. Da Rudis linker Fuß urplötzlich bewegungsunfähig am Stock fest hängt, während sich sein restlicher Körper weiter vorwärts bewegt, führt dies zu einem gewaltigen Ruck, der ihn von den Beinen reißt.

Auch sein Gleichgewichtssinn verliert dabei völlig die Orientierung und so kippt Rudi plötzlich die Welt entgegen und der Boden bewegt sich rasend schnell auf Rudis Nase zu. Im letzten Moment wird dieses drohende Rendezvous durch die Stöcke vereitelt, die als Einzige, halb schräg stehen bleiben und Rudi über die fest verbundenen Handschuhe brutal abbremsen. Er hängt, nach seinem eingestrauchelten, halbfachen Kreiselburger, völlig verdreht, nur von seinen Walking-Stöcken gehalten, in der Luft. Im Augenblick ist er zu keiner Bewegung fähig und nutzt die Zwangspause um sich zu fragen, warum eigentlich neue Schuhe mit viel zu langen Schnürsenkeln ausgestattet werden und ob es wohl Rabatte gibt, wenn man gleich mehrere neue Gelenke braucht. Könnte er sich von außen betrachten, hätte er eine Karikatur des Bildnisses „Jesu Abnahme vom Kreuz" vor Augen!

Es braucht eine Weile, bis Rudi seine Körperteile entwirrt und wieder an den gewohnten Stellen platziert hat. Dann jedoch macht er sich erneut auf den so malerischen Weg, an dessen Rändern weiterhin Eichenrüpel herumlungern und mit ihren Zweigen auf ihn einpeitschen oder sogar mit ihren knorrigen Ästen nach ihm werfen. Das grüne Maisfeld ist nicht mehr halbhoch, sondern wird zu Boden gepresst und Kälber muhen ängstlich auf der ungeschützten Wiese. Eine heftige Windböe kündigt Schlimmeres an.

Rudi hat über seine körperlichen Koordinationsversuche leider völlig vergessen, dass er sich in „Schrecklich-Hiersein" befindet, dem Land zwischen den Meeren - wie selbst die offizielle Werbung zugibt. Dabei handelt es sich bekanntlich um die drei Meere: Nordsee, Ostsee und Firmament. Er richtet seinen Blick nun endlich auch einmal nach oben.

Über den Himmel jagen Wolken - jede Menge Wolken - finster drohende Wolken - Wolken, aus denen es jetzt zu regnen beginnt - nein, Wolken, aus denen es plötzlich nur so schüttet!

Noch bevor Rudi sich auch nur nach einer regengeschützten Stelle umsehen kann, ist er derart durchnässt, dass ein Unterstellen soviel Sinn hätte, wie einem Hering zu Weihnachten eine Taucherbrille zu schenken.

Der Boden verwandelt sich umgehend in Matsch. Matsch, der eigentlich nichts Besonderes tut, außer an den Schuhen zu kleben - dies jedoch gleich Klumpenweise. Zudem spritzt er in alle Richtungen, präsentiert sich extrem rutschig oder saugt sich an den Schuhen fest. Das alles je nach Feuchtigkeitsanteil. Rudi kann mit allen Varianten dienen.

Von oben rauscht der Regen herab und unten versucht der Morast jeden seiner Schritte zu verhindern. Letzterer gibt Rudis Schuhe nur äußerst widerwillig und unter schmatzenden Seufzern frei. Die Angelegenheit entwickelt sich zu einem echten Kräftemessen. Der Untergrund saugt sich förmlich an den Füßen fest und Rudi zerrt sie in die entgegengesetzte Richtung.

Urplötzlich und unerwartet flutscht der linke Fuß aus dem Schuh, sodass Rudi vom eigenen Schwung - jedoch ohne die geringste Begeisterung - mitgerissen wird. Unaufhaltsam taucht er mit dem nur mehr bestrumpften Fuß erneut in den Matsch ein und glitscht dort weiter und weiter und noch ein Stückchen - bis er im Spagat dasitzt.

Um dem stechenden Schmerz der überdehnten Bänder auszuweichen, lässt er sich zur Seite kippen. Aber selbst in dieser scheußlichen Situation findet er noch die Gelassenheit, an seinen Teint zu denken. Er legt kurzerhand eine Gesichtsmaske dieses wahrscheinlich die Schönheit fördernden Schlammes auf!

Anschließend durchsucht er den Morast nach Hinweisen auf den Aufenthaltsort seines verlorenen Schuhs. Dazu lässt er sich auf alle viere nieder und wühlt sich krabbelnd durch den Schlamm. Ein Schutz suchend vorbeistreifendes Wildschwein verharrt interessiert und grunzt kontaktfreudig zu ihm herüber. Da Rudi gerade in diesem Moment einen abgerissenen Schnürsenkel im Matsch erspäht, entgeht ihm leider die Arten übergreifende Verständigungsmöglichkeit total. Das Schwarzwild schlägt sich mit einem enttäuschten Quieken in die Büsche.

Stattdessen wird Rudi tatsächlich fündig. Er zerrt seinen vor zehn Minuten noch neuwertigen Schuh aus dem Schlamm und entleert ihn, so gut es eben möglich ist, bevor er wieder hineinschlüpft. So gerüstet macht er sich erneut auf den Weg durch den strömenden Regen.

„Was soll es, schlimmer geht eh nimmer", denkt er bei sich und täuscht sich damit gründlich! Ihm fällt nämlich gerade auf, dass er auf dem Hinweg überhaupt nicht auf die Strecke geachtet hat. Diese so ansprechende Landschaft zeigt sich ziemlich gleichförmig heimelig. Es gibt keine Hinweispunkte und man kann Kilometer weit laufen, ohne einem Menschen zu begegnen. Wirklich idyllisch!

Rudi steht kurz davor, aus lauter Frustration und Wut, einer völlig unbeteiligten Buche in die Rinde zu beißen. Aber auch dieser Anfall geht vorüber. Er entschließt sich, einfach seinem Instinkt zu folgen und humpelt wieder los. Der Regen lässt allmählich nach. Selbst die Sonne lugt schon wieder zwischen den Wolken hervor. Außerdem kommt ihm auch die Gegend eine Spur vertraut vor. Diesen schnurgeraden Weg kennt er doch?! Es stellt sich ihm nur die schwerwiegende Frage: Welche Richtung soll er einschlagen?

In diesem Moment biegt ein Stück hinter ihm, mit röhrendem Motor, ein schaukelnder roter Pick-up aus einem Seitenweg ein und rast auf Rudi zu. Der bringt sich vorsichtshalber mit einem schnellen Sprung zur Seite in Sicherheit. Trotzdem fällt ihm auf, dass doch der Bauer Locker eines dieser nicht eben häufigen Fahrzeuge benutzt.

Erleichterung durchströmt ihn, denn nun kann er sich sicher mitnehmen lassen, zumindest aber nach der passenden Richtung fragen. Er hebt winkend den Arm und sein uriger Bauer wird auch sofort langsamer. Offenbar hat er den völlig schlammverschmierten und tropfnassen Rudi identifiziert, denn er grölt bestens gelaunt im Vorüberfahren aus der offenen Seitenscheibe:

„Keine Angst, der Bauer fährt doch seine Gäste

nicht platt!" Spricht´s, schlägt sich, unter dröhnendem Gelächter, auf den Schenkel, tritt das Gaspedal voll durch und scheppert, Schlamm aufspritzend davon!

Rudi denkt sich: „Na ja, vielleicht beherbergt der Bauer häufiger leidenschaftliche Wolkenbruch-Wanderer oder solche, die gern in freier Natur Schlamm-Bäder genießen. Oder ist so ein Unwetter für ihn etwa schlicht alltäglich? "

Immerhin schafft es Rudi, indem er einfach die gleiche Richtung einschlägt, auch ohne bäuerliche Rettungsmaßnamen doch noch zurück zum Hof.

Die folgenden zwei Stunden, die er unter der Dusche stehend verbringt, sind nicht nur richtig entspannend für ihn, sondern das Angenehmste des ganzen Tages.

Licht-Ringen

Nachdem Rudi sich die selbst versprochene Tasse Kaffee gegönnt und sich nebenher einige Gedanken über die innenarchitektonische Wirkung von grün schillernden Spiralklebebändern gemacht hat, beeilt er sich nun, in das Büro von Herrn Wendtaler zu kommen. Er möchte, ehe es sich noch jemand anders überlegt, das Verhandlungsergebnis in Sachen Überstunden direkt festklopfen.

Herr Wendtaler zeigt sich dann auch ein wenig irritiert. Offensichtlich hatte er ein anderes Ergebnis erwartet. Mit hochgezogenen Augenbrauen akzeptiert er die Entscheidung von Herrn Senscheff und bittet Rudi, bei Gelegenheit mal einen Blick auf seine nicht funktionierende Stehlampe zu werfen.

„Aber das muss nicht jetzt gleich sein", betont er.

„Ich schau eben kurz nach, wo ich doch gerade da bin", erwidert Rudi und schaltet probeweise die Leuchte ein und wieder aus. Nichts passiert. Das Stromanschlusskabel schlängelt sich unter den Schreibtisch in Richtung Steckdose.

Der Schreibtisch sieht übrigens gelungen aus. Genauer ausgedrückt: Man sieht eigentlich gar keinen Schreibtisch mehr, weil jeder Zentimeter belegt oder, noch präziser, „bestapelt" ist. Links und rechts türmen sich jeweils ungefähr sieben Papier- und Aktenstapel auf. Diese Anhäufungen sind nun nicht etwa säuberlich aufgeschichtet, sondern besitzen eine Struktur, indem sie entweder nach links oder rechts verdreht aufeinander gelegt wurden. Das sieht nicht eben ordentlich aus und es versetzt Rudi immer wieder in Erstaunen, dass die 40-60 cm hohen Stapel statisch stabil bleiben. In der Schreibtischmitte wachsen die Papiertürme nicht ganz so hoch und geben dem eher klein gewachsenen Herrn Wendtaler die Möglichkeit, noch über sie hinweg zu schauen und mit Besuchern zu sprechen.

Das wirklich Geniale an Herrn Wendtaler ist jedoch seine Fähigkeit, in dieser Masse von Papieren, ein bestimmtes Schriftstück problemlos ausfindig zu machen. Sollte Rudi beispielsweise mit der Bitte kommen:

„Ich bräuchte noch mal die Rechnung über die neue Wasserenthärtungs-Anlage", dann erhöbe sich sein Gegenüber, um seinen Blick sinnend über die Papiertürme wandern zu lassen. Als Nächstes würde er einen der Stapel zu drei Vierteln abheben und den schwankenden Papierturm, ein paar Schritte weiter, auf dem Fußboden zwischen weiteren Stapeln absetzen.

Rudi mag in solchen Momenten kaum hinsehen, da er befürchtet, der Papierstapel könne ins Rutschen geraten. Nicht nur die Folgen für Herrn Wendtalers „Auffinde-System" wären katastrophal, auch seine Laune in den anschließenden Wochen, möchte Rudi sich noch nicht einmal vorstellen!

Weiter würde Herr Wendtaler die nächsten zwei bis fünf zuoberst liegenden Blätter des Resthaufens überprüfen und zöge dann, mit gelassener Selbstverständlichkeit, die gesuchte Rechnung mitten aus dem Papierstapel hervor!

Rudi ist immer wieder fasziniert von dieser Fähigkeit. Er selbst muss oft minutenlang in den wenigen Ablagekörben seines Schreibtisches herum kramen, wenn er ein bestimmtes Dokument sucht.

Dabei entdeckt er, immer mal wieder, schon länger als verschollen geltende Papiere. Das kann ihn dann antreiben, die sechs Ablagekörbe spontan umzusortieren. Meistens allerdings mit dem Resultat, nun noch weniger zu finden! Manchmal vergisst er darüber sogar, was er ursprünglich wollte. Am Besten begibt er sich dann in den Keller, damit es ihm wieder einfällt.

Warum in den Keller? Na, einfach deshalb, weil es der weiteste Weg ist. Kehrt er dann aus dem Untergeschoss ins Büro zurück, hat er oft auch noch vergessen, dass er überhaupt etwas sucht! Vielleicht fragt er sich stattdessen, was er eigentlich im Keller wollte. Erfahrungsgemäß hilft es dann weiter, einfach noch mal den Weg in den Keller anzutreten ...

Rudi kippt inzwischen die Stehlampe an, um sich das Leuchtmittel anzuschauen. Erschreckt taucht der Kopf von Herrn Wendtaler aus seiner Papierburg auf.

„Sie passen doch auf? Ich mein´ nur - wegen der Aktenstapel."

„Sicher, da brauchen Sie sich keine Gedanken machen", beruhigt ihn Rudi, während er, die Stehlampe unter den Arm geklemmt, den Halogen-Leuchtstab aus seiner Halterung zu ziehen versucht. Aus einem unerfindlichen Grund hat sich die kräftige Feder verklemmt und will das Leuchtmittel partout nicht freigeben. Er greift in die Tasche und zückt einen kleinen Schraubendreher.

Kaum hat er das Werkzeug angesetzt, ertönt ein dezentes „Plop" und der Halogenstab fliegt aus seiner Halterung. Er zischt in hohem Bogen an Rudis verblüfft hinterher schauenden Augen vorbei und saust, mit Angriffsziel Schreibtisch, davon. Direkt vor dem drohenden Einschlag schießt urplötzlich die Hand von Herrn Wendtaler aus einer Stapellücke. Zielsicher pflückt der „Wentalersche-Abfangjäger" die „Möchtegern-Rakete", noch bevor sie Schaden anrichten kann, aus der Luft! Jetzt schieben sich auch Kopf und Oberkörper durch das papierene Portal und Herr Wendtaler reicht das Leuchtmittel wortlos zurück. Dabei mustert er, unverhohlen misstrauisch, Rudis momentane Aktivität.

„Sie brauchen das jetzt wirklich nicht direkt zu machen. Außerdem muss ich gleich in eine Besprechung", bemerkt der "Hüter der Bilanzen" mit leichter Nervosität in der Stimme. Rudi ist jedoch voll auf seine Arbeit konzentriert.

„Das ist ja komisch, das Leuchtmittel sieht immer noch ganz in Ordnung aus. Ob es vielleicht der Schalter ist? Sollte ich Sie stören, werfen Sie mich einfach raus", murmelt Rudi und zerlegt bereits eifrig den Schalter.

Herr Wendtaler verlässt seine Papierburg und baut sich, wie zufällig, vor dem Schreibtisch auf.

„Der Schalter scheint ebenfalls in Ordnung zu sein, jetzt können wir nur noch den Anschluss im Sockel überprüfen", erklärt Rudi und kippt die Lampe an.

Im gleichen Moment ertönt ein lautes Scheppern, weil er die Abdeckung für das Leuchtmittel noch nicht wieder befestigt hat. Das kurze Erschrecken, verbunden mit der Erkenntnis, dass er das Gewicht des Lampenfußes offensichtlich unterschätzt hat, führen zu einer plötzlichen Gleichgewichtsstörung. Die Stehlampe droht sich aus seinen Händen zu winden. Das Ungleichgewicht der Kräfte wogt hin und her. Anders ausgedrückt schwankt Rudi, in einem grotesken Tanz mit der Leuchte, unvorhersehbar in alle Richtungen!

Herr Wendtaler nimmt die klassische Haltung eines Handballtorwarts vor dem Schreibtisch ein und hüpft, mit ausgestreckten Armen, von einem Bein auf das andere.

Rudi ringt immer noch mit seinem Gleichgewicht und dem der Lampe, die ihrerseits versucht in eine senkrechte Lage zurückzukehren. Daran wird sie allerdings einerseits durch Rudis Judo-Griff und andererseits durch den unerwartet schweren, runden Fuß gehindert. Die Stehlampe, mit dem an ihr festgeklammerten Rudi, gerät in eine kreiselnde Bewegung und nähert sich dem überladenen Schreibtisch. Dies ist der Augenblick, in dem es Herrn Wendtaler nicht mehr in seinem Tor hält. Mit einem gewaltigen Satz springt er nach vorn, stürzt sich ohne Zögern auf den verblüfften Rudi samt Lampe und ringt beide zu Boden.

Während sie noch eng umschlungen auf dem Teppichboden liegen, fragt Herr Wendtaler sehr eindringlich:

„Rudi, warum nehmen Sie die Leuchte nicht einfach mit in ihre Werkstatt?"

„Vielleicht haben Sie recht", erwidert ein einsichtsvoller Rudi und kriecht, da er sich sowieso schon auf dem Boden befindet, vorsichtig unter den Schreibtisch, um das Stromkabel aus der Steckdose zu ziehen. Aber da ist ihm anscheinend schon jemand zuvorgekommen!

Er gibt ein gequältes Stöhnen von sich und drückt ohne weiteres Federlesen den Stecker in die Dose. Der befürchtete Kurzschluss bleibt aus. Stattdessen erfüllt gleißende Helligkeit das Büro.

Rudi krabbelt vorsichtig wieder unter dem Schreibtisch hervor und ordnet sein spärliches, dafür umso zerzausteres Haar. Dann klopft er sich schnell noch den Staub von der Hose und trifft Anstalten, den Raum zu verlassen.

Herr Wendtaler steht indessen andächtig vor der Licht spendenden Lampe und fragt:

„Wie haben Sie das denn jetzt gemacht?"

„Betriebsgeheimnis", schmunzelt Rudi, der nun die Bürotür mehrmals öffnet und schließt, „aber ich muss doch noch einmal kommen, denn Ihre Tür fällt nicht richtig ins Schloss".

Herr Wendtaler zuckt merklich zusammen.

„Aber bitte erst später! Ich muss jetzt unbedingt zu meiner Besprechung".

„Ja, sicher", bestätigt Rudi, „ich muss dafür ohnehin meine Werkzeugtasche aus dem Keller holen". Er verabschiedet sich vorläufig und verlässt das Büro.

Explosions-Gefahr

Rudi will nach der letztlich doch noch erfolgreichen Beleuchtungsaktion im Büro Wendtaler seine Werkzeugtasche aus dem Keller holen. Auf dem Weg in Richtung Treppenhaus fällt ihm ein ungewohnter Geruch auf. Irgendwie kennt er diese intensive Duftnote, aber er kann sie momentan nicht einordnen. Wie ein Jagdhund hebt er witternd die Nase in die Luft und schnuppert in alle Richtungen. Sein Verhalten basiert jedoch keineswegs auf einem hundeähnlichen Geruchsvermögen, sondern eher darauf, so gut wie gar keinen Geruchssinn zu besitzen. Da er immer noch nicht sicher ist, um welchen Duft es sich handelt und von wo er seinen Ursprung nehmen könnte, schließt er nun auch noch die Augen. Ganz auf diesen seltsamen Geruch konzentriert, wandelt er über den Gang.

Allerdings entgeht ihm dabei, dass er sich der Flurkreuzung nähert und prompt kollidiert er mit Frau Organowski, die im selben Moment um die Ecke biegt.

Sie gibt einen spitzen Schrei von sich und klammert sich reflexartig an Rudi fest.

Da Frau Organowski nicht nur die attraktivste weibliche Angestellte der Firma sein dürfte, sondern von Mutter Natur auch noch mit einer hervorragenden Knautschzone ausgestattet wurde, geht der Zusammenprall glimpflich aus.

Noch leicht verwirrt gibt sie Rudi frei und entschuldigt sich mehrmals. Rudi fällt auch gerade nichts Besseres ein, als der Spruch:

„Nichts zu entschuldigen, ich wüsste nicht, mit wem ich lieber zusammengestoßen wäre!"

Wenigstens entspannen seine wirren Worte die Situation. Frau Organowski kichert in sich hinein und man tauscht noch ein paar Belanglosigkeiten aus. Nachdem Frau Organowski ihn noch über den intensiven Duft aufgeklärt hat, den selbst er jetzt als Essig-Geruch erkennt, setzt sie sich wieder ins Sekretariat ab.

Rudi wird, da er nun weiß, wonach er suchen muss, auch ziemlich schnell fündig. Im Putzmittelschrank ist eine Essigessenz-Flasche umgekippt und ausgelaufen. Er bedient sich an dem hier ebenfalls eingelagerten Handtuchpapier, nimmt damit die Flüssigkeit auf und stopft die nassen Tücher in einen Putzeimer. Wie nicht anders zu erwarten, tönt genau jetzt das Handy. Er fingert es aber trotzdem aus der Tasche, denn es müsste ohnehin mal wieder gereinigt werden. Prompt muss er es auch zweimal vom Boden aufklauben, weil es durch seine essigverschmierten Hände flutscht.

Kaum dass er eine Taste gedrückt hat, schrillt es schon aus dem „Nervo-Fon":

„Hier bei uns auf dem Flur riecht es ganz stark!"

Rudi entringt sich ein Seufzer, denn es handelt sich bei der Anruferin um Frau Panikios.

„Mit welchem Flur spreche ich?" Rudi meint, solche kleinen Erziehungs-Maßnahmen müssen einfach sein.

„Rudi! Erkennen Sie meine Stimme etwa nicht? Was ist los? Wissen Sie mehr als wir? Sind irgendwelche Chemikalien ausgelaufen? Im Serverraum vielleicht? Rudi, ich bin hoch allergisch! Jetzt sagen Sie doch mal was!"

„Sie sind gegen Serverräume allergisch? Das ist interessant. Aber keine Sorge, es ist keine Chemikalie freigesetzt worden und unsere Server arbeiten auch nicht auf chemischem Wege."

„Was kann es sonst sein? Ich habe schon die lokalen Radiosender abgehört, es könnte ja bei den Lever-Werken einen Unfall gegeben haben ...! Sollen wir die Fenster vorsichtshalber schließen? Wo stecken Sie bloß? Wir brauchen Sie hier!"

Die gute Frau Panikios wirkt nicht so ausgeglichen, wie Rudi es von einer Yoga praktizierenden Person erwartet hätte.

„Okay. Ich bin längst da und es ist nichts Bedrohliches. Kommen Sie einfach zum Putzraum, dann zeige ich Ihnen die Ursache."

„Rudi, womit heizen wir eigentlich, Fernwärme, Strom oder ...?"

„Gas." Rudi überlegt, ob es auch Yoga für besseres Zuhören gibt.

„GAS! Das habe ich mir gedacht! Genau, das ist es. Wir müssen auf der Stelle das Gebäude räumen!"

„Frau Panikios, das ist kein Gas! Gas würden Sie auch gar nicht riechen."

„Doch, doch, ich weiß, die mischen irgendeinen Geruchsstoff bei! Wie kann ich mir Gewissheit verschaffen? Da gibt es doch sicher eine Notrufnummer! Das sollten Sie als Sicherheitsbeauftragter doch wissen! Nun lassen sie sich doch nicht jedes Wort aus der Nase ziehen. Wie können wir die Gaskonzentration bestimmen? Rudi, jetzt antworten Sie endlich mal. Kennen Sie eine Methode, mit der ich ausströmendes Gas nachweisen kann?"

„Aber sicher, Frau Panikios, das ist sogar ziemlich simpel: Zünden sie sich einfach eine Zigarette an!"

Schweigen!

Unheilvolles Schweigen!

Rudi hat das Handy wieder in der Tasche verstaut und wartet. Es dauert auch nicht allzu lange, da taucht Frau Panikios im Gang auf, flankiert von Frau Ökol und Frau Moser. Wilde Entschlossenheit ausstrahlend stapfen sie im Gleichschritt auf Rudi zu und bauen sich im Halbkreis vor ihm auf. Frau Panikios vergewissert sich durch ruckartige Seitenblicke, dass ihre Paladine noch neben ihr stehen, und beginnt irgendwie ... zu pumpen. Etwa wie ein Käfer, der sich auf das Abfliegen vorbereitet.

Frau Moser zappelt dagegen mit trippelnden Schritten auf der Stelle, da sie darauf wartet, dass hier endlich etwas abgeht. Ihre Lippen bewegen sich bereits im Leerlauf.

Ganz anders verhält sich da Frau Ökol, die Rudi vermittels ihrer Blicke "Schock zu frosten" trachtet.

Während sich erste Eiskristalle in Rudis Schnurrbart und Augenbrauen bilden, hat Frau Panikios ihren Luftdruck offenbar auf Betriebsbedingungen gebracht und stößt mit zittriger Stimme die Worte hervor:

„Ich finde es wirklich unverschämt ..."

Weiter kommt sie nicht, denn Frau Moser kann ihren Redetrieb nicht länger zügeln. Aufgeregte Worte drängeln und schubsen sich anscheinend hinter ihren Zähnen, quetschen sich zwischen den Lippen hervor und purzeln ihr derartig aus dem Mund, dass jede Ordnung verloren geht:

„Runzdi, mög Sie galich unsind ..."

Erschreckt bricht sie ab, während ihre Kolleginnen sie erstaunt und besorgt mustern. Frau Moser schlägt sich vor Entsetzen beide Hände vor den Mund und vermag die Wortlawine dadurch tatsächlich zu stoppen. Vermutlich wird sie ein paar Sekunden zur erneuten Startaufstellung der Vokabeln benötigen.

Rudi wischt sich mit dem Handrücken über das Gesicht, um sich von einer Schicht Raureif zu befreien. Er nutzt die unerwartet entstandene Lücke und erläutert den Damen die Situation. Zum Schluss klärt er die Drei Amazonen noch über den Verlauf der Gasleitung, die durch einen anderen Gebäudeteil führt, auf. Außerdem weist er darauf hin, dass der Geruch doch wohl für jedes mit einer Nase ausgestattete Säugetier sehr leicht identifizierbar, auf Essig beruht.

Die Drei Amazonen verwandeln sich in Erdmännchen und recken, Witterung aufnehmend, die Nasen in die Höhe. Schließlich können sie Rudi nicht mehr widersprechen, zumal er ihnen noch einen Einblick in den Putzmittelschrank gewährt.

Eimer-Ballett

Rudi befürchtet, die Damen könnten noch einmal auf das Thema "Unverschämtheit" zurückkommen. Darum lenkt er jetzt das Gespräch geschickt in eine andere Richtung. Er spricht Frau Ökol auf ihre neuen Abrollschuhe an und täuscht größtes Interesse vor.

Frau Ökol springt auch sofort an und schildert die erstaunlichen Vorzüge von Abrollschuhen. Sie zeigt ihre rund geformte Sohle und demonstriert das

Abrollen beim Gehen. Dabei lässt sie sich derart von ihrer eigenen Begeisterung mitreißen, dass sie den neben ihr stehenden Eimer mit dem Essig-Papier übersieht. Unbeabsichtigt, doch zielgenau, tritt sie, mit ihrem Sohlen-seitig rund geformten Schuh, in den sich zum Boden hin verjüngenden Eimer! Der instinktive Versuch, den Fuß direkt wieder hochzureißen führt allerdings nur zu einem weiteren Gleichgewichtsabbau. Das mangelnde Gleichgewicht erzwingt nun seinerseits einen Ausfallschritt, der mit einem kräftigen Aufstampfen des ersten Fußes endet. Des Fußes also, der sich frisch "beeimert" präsentiert. Oder anders ausgedrückt: Des Ökolschen Fußes, der jetzt richtig fest verkeilt im Eimer steckt.

Die Ärmste versucht, ein weiteres Auftreten mit dem Eimer-Fuß zu vermeiden und hopst, um ihr Gleichgewicht wieder zu finden, auf einem Bein herum. Dabei entsteht allerdings eine Kreiselbewegung, die sie durch heftiges Armrudern in den Griff zu bekommen versucht. Ihre wie Dreschflegel wirbelnden Arme und das austretende Bein halten die hilfsbereiten Kolleginnen auf Distanz!

Zu allem Überfluss biegt nun auch noch ausgerechnet Herr Witzel, der offensichtlich einen besonderen Instinkt für solche Gelegenheiten besitzt, um die Ecke.

Die dramatische Situation lässt eine heftige Bruchlandung Frau Ökols immer unvermeidlicher erscheinen.

Spontan reißt daher der Sicherheitsbeauftragte, mit der vollen Unterstützung des Ersthelfers, die Kontrolle über das System Rudi an sich! Der nächste Hüpfer Frau Ökols soll, zumindest für heute, ihr Letzter sein! Rudi steht geduckt, mit ausgebreiteten Armen vor ihr und wartet auf seine Chance.

Wild entschlossen das Schlimmste zu verhüten, schnellt er urplötzlich auf sie zu, um sie mit den Armen zu umfangen und sie so zu stabilisieren. Der heftige Ellbogenstoß, der auf seinem Jochbein landet, kann ihn dabei nur geringfügig bremsen. Allerdings reicht Frau Ökol diese Sterne sehende kurze Spanne Rudis, um auch noch einen Tritt in seinen Magen anzubringen.

Der Eimer presst ihm die Luft aus der Lunge, und mit einem Ächzen klammert er sich an Frau Ökol fest. Sein Motiv liegt indes in keiner hehren Rettungstat mehr. Er klammert sich nur deshalb fest, weil er dicht vor dem K.O. steht. Während sich der noch arg benebelte Rudi fragt, ob Frau Ökol den Schwarzen Gürtel im Kung Fu besitzt oder ob sie, ihres neuen Namens eingedenk, zu den „Tanzenden-Derwischen" konvertiert ist, dringen auch noch die so ausgesprochen mitfühlenden Worte des Herrn Witzel an sein Ohr:

„Ist das hier die von der Krankenkasse gesponserte Bürogymnastik–Gruppe? Oder probt ihr ein Schwanensee-Ballett im Break Dance Style?"

Das Duo Ökol & Rudi ist inzwischen zu kinetischer Ruhe gelangt. Der keuchende Rudi bekommt allmählich auch wieder Luft, aber dafür schwillt sein Auge bereits zu.

„Rudi, danke für Ihre Hilfe. Jetzt muss ich aber noch diesen vertrackten Eimer vom Schuh lösen. Am besten holt mal jemand einen Stuhl." Frau Ökol ist also wieder Herrin der Lage und wirkt erstaunlich gefasst. Frau Panikios flitzt bereits in das Büro nebenan und kehrt direkt mit einem Stuhl zurück.

„Rudi", bemerkt Frau Ökol ohne besondere Betonung, „Sie dürfen mich nun ruhig wieder loslassen."

Rudi wird jetzt erst bewusst, dass er die Kollegin immer noch an sich gepresst hält. Er murmelt eine Entschuldigung und hilft ihr, sich auf den Stuhl zu setzen. Die anschließenden Versuche, Schuh und Eimer voneinander zu trennen, misslingen jedoch gründlich. Egal wie kräftig von den Helfern auch an dem Eimer gezogen, gerissen und geruckelt wird, es führt immer nur dazu, Frau Ökol von ihrem Stuhl zu zerren.

Rudis Idee, erst einmal den Schnürsenkel zu lösen, bringt leider ebenfalls keinen Erfolg, da der Fuß genauso fest steckt wie der Schuh. Bevor Herr Witzel wohl möglich noch eine Beinamputation unterhalb des Kniegelenks vorschlägt, reißt Rudi die Situation an sich.

„So hat das Ganze keinen Zweck. Wir unternehmen

jetzt noch einen Versuch. Sollte der auch erfolglos bleiben, hole ich die Gartenschere und schneide diesen blöden Eimer in Stücke!" Er schiebt die eifrigen Helfer beiseite, schwingt ein Bein über Frau Ökols Oberschenkel, packt mit beiden Händen den Terroreimer und steht in der Haltung eines Ski-springers vor der Hilfsbedürftigen.

„Diese Technik wende ich immer an, wenn meine Tochter nicht aus ihren engen Reitstiefeln kommt. Das funktioniert erstaunlich gut. Frau Ökol, Sie setzen bitte ihren freien Fuß auf mein Gesäß und schieben mit aller Kraft, während ich am Eimer ziehe."

Frau Ökol schaut erstaunt und etwas verlegen in die Runde, während Herr Witzel vorsichtshalber Rudis Startrampe freigibt.

„Aber ich kann Ihnen doch nicht in den..., äh... Rücken treten!"

„Sie können schon, Sie sollen es sogar, mit aller Kraft die Sie aufbringen, und zwar JETZT!", brüllt Rudi und wirft sich vorwärts. Will sie nicht vom Stuhl gezogen werden, bleibt Fau Ökol gar nichts anderes übrig, als sich mit aller verfügbaren Stärke gegen sein Gesäß zu stemmen.

Einmal mehr beweist die Reitstiefeltechnik nun ihre überlegene Wirksamkeit. Überraschend widerstands-los löst sich der Eimer plötzlich vom Schuh. Leider kann sich Rudi an seiner eingetroffenen Vorhersage nicht so recht erfreuen, denn er beschleunigt, wie vom

Katapult geschossen, und rast, den Kopf vor gereckt, jenseits allen Gleichgewichtes oder irgendeiner Kontrolle, über den Flur.

Zeitgleich kippt der Stuhl mit Frau Ökol in der entgegengesetzten Richtung. Reaktionsschnell springen die Kolleginnen Moser und Panikios hinzu, um den Stuhl mit der, sich hilflos an ihm festklammernden, Frau Ökol aufzufangen. Bedauerlicherweise überschneiden sich, wissenschaftlich ausgedrückt, ihre Bewegungsvektoren. Unwissenschaftlich betrachtet prallen sie heftig gegeneinander. Frau Ökol flutscht ihnen dabei durch die Hände und kracht, in sitzender Haltung, mit dem Stuhl zu Boden.

In der anderen Flurrichtung ist Herr Grosvent, angelockt durch den tumultartigen Lärm, aus seinem Büro getreten. Seine 250 unvorteilhaft verteilten Kilogramm füllen beinahe die gesamte Flurbreite aus. Er bewegt sich entsprechend behäbig.

Im Augenblick allerdings rührt er sich eher gar nicht, denn er starrt, die Augen vor Entsetzen weit aufgerissenen, dem gesenkten Hauptes auf ihn zu rasenden Rudi entgegen. Der ist seinerseits momentan ein hilfloses Opfer physikalischer Gesetze. Aus seiner vorgebeugten Position sieht er, trotz seines geschwollenen Auges und der extremen Geschwindigkeit, einen mächtigen Schatten vor sich aufwachsen! Instinktiv reißt er die Hände hoch und streckt den Eimer vor. 3 ... 2 ... 1 ... Einschlag! Der Eimer rammt sich in den Bauch von Herrn Grosvent. Wie ein biologischer Airbag gibt dieser nach und verteilt die Aufprallenergie. Doch die Kraft ist derart gewaltig, dass die Arme von Rudi einknicken und sein Kopf sich in den Eimer bohrt. Der natürliche Airbag zeigt sich dieser Belastung leider nicht gewachsen. Herr Grosvent bläst die Backen auf und krümmt sich nach vorn.

Die Restenergie macht ihrem Namen alle Ehre und gibt ihm den Rest. Er wird herumgerissen und gegen die Wand gepresst. Ein pfeifendes Geräusch entflieht seinen jetzt vorgeschobenen Lippen und seine Augen quellen derartig hervor, dass der Eindruck, sie möchten, ihre Höhlen dauerhaft aufgeben, sich aufdrängt. Wie ein riesiger frisch angerührter, zäher Kuchenteig rutscht Herr Grosvent stückchenweise an der Wand herab, bis er fassungslos und zusammengesunken auf seinem Allerwertesten zum Stillstand gelangt.

Rudi ist durch die Drehung ebenfalls aus seiner Bahn gerissen worden. Er trudelt zeitgleich quer über den Flur und prallt mit dem Eimer gegen die Wand. Er darf jetzt wahrhaft froh sein, diesen alternativen Schutzhelm zu tragen. Trotzdem dröhnt ihm der Schädel und er fragt sich, ob er den Eimer ohne Probleme vom Kopf bekommen wird.

Er sieht sich schon, von zwei Kolleginnen an der Hand geleitet, dabei einen dekorativen gelben Plastikeimer auf den Schultern tragend und nach

„eau d´essig" duftend, in der überfüllten Ambulanz der nächstgelegenen Unfall-Klinik für echten Gesprächsstoff sorgen!

Wie es kaum anders zu erwarten war, öffnet sich gerade in diesem Augenblick eine Bürotür und Herr Senscheff tritt auf den Gang. Nach zwei Schritten verharrt er und nimmt das nicht gerade alltägliche Bild in sich auf. Kurz vor ihm liegt Frau Ökol, in sitzender Haltung an einen Bürostuhl geklammert, auf dem Rücken. Neben ihr kämpfen sich Frau Moser und Frau Panikios schwankend auf die Beine. Fünf Meter weiter hockt Herr Grosvent auf dem Boden und gibt asthmatische Tonfolgen zu Gehör. Ihm schräg gegenüber, liegt jemand an der Wand, der seine Identität unter einem gelben Plastik-Eimer zu verbergen versucht und mittendrin steht ein vollkommen sprachloser Herr Witzel.

Das Letztere ist vielleicht das Ungewöhnlichste an der ganzen Situation.

Ohne erkennbare weitere Reaktion hebt der Boss die Nase in die Höhe und wittert wie ein Vorsteherhund. Dann wendet er sich an Herrn Witzel, dem es trotz intensiver Bemühung einfach nicht gelingt, unsichtbar zu werden.

„Finden Sie nicht, dass es hier komisch riecht, Herr Witzel? Vielleicht sollten wir einmal lüften." Mit diesen Worten kehrt Herr Senscheff um und entfernt sich scheinbar unbeeindruckt über den Flur.

Mittlerweile haben sich alle Beteiligten wieder aufgerappelt, und keiner scheint ernsthaft verletzt. Das ist besonders für Rudi eine Erleichterung, denn er hätte sonst einen Unfallbericht schreiben müssen – und mal ehrlich, das hätte doch wirklich nicht mal die Versicherung geglaubt!

Nur Rudis inzwischen violett angelaufenes, halb zugeschwollenes Auge ist kaum zu übersehen. Er hat sich schon ein Kühlpack besorgt, es in ein Tuch gewickelt und hält es nun auf seine wachsende Gesichtshälfte.

Glücklicherweise ließ sich der Eimer problemlos entfernen. Allerdings begleitet ihn seither eine etwas gewöhnungsbedürftige Essig-Duftwolke.

Kuschel-Monster

Nach seiner Outdoor-Pleite verlegt Rudi sich lieber auf andere sportliche Aktivitäten, wie Ausdauer-Dösen, Sofa-Durchliegen, Rhythmus-Schnarchen und Schokoladentafel-Zeitessen. Zwischendurch schwingt er immer mal wieder seine Fliegenklatsche und fördert so die Evolution. Er ist überzeugt, die nächsten Fliegengenerationen werden an Schnelligkeit und Reaktionszeit deutlich verbesserte Werte vorweisen können. „The Survival of the Fittest" in Rudis Feldversuch!

Nur mit dem Ausschlafen klappt es leider weiterhin nicht wie erwünscht, denn einige dieser „berüsselten" Nervensägen entgehen allabendlich Rudis kriegerischen Streifzügen durch die Zimmer. Bei Tagesanbruch verwechseln sie sein Gesicht dann auch noch mit einem Rastplatz für Fliegen.

Im Hausprospekt des Bauernhofs hat Rudi etwas von einer Tischtennisplatte gelesen. Zwar ist er als Spieler nicht gerade begnadet, aber er macht das durch hohe Begeisterung wett. Selbstverständlich hat er auch die Schläger eingepackt.

Zurzeit ist er mit Ella auf dem verhältnismäßig, großen Locker-Hof unterwegs, um die Tischtennis-Platte ausfindig zu machen. Es ist 9:00 Uhr und der Bauer sitzt mit seinem Schwiegersohn bestens gelaunt auf der Bank vor ihrer Wohnung. Sie genehmigen sich ihr „Gerstensaft-Frühstück, mit Flens - versteht sich!" „Na ja", denkt Rudi, „wer weiß, wie lange die beiden schon auf den Beinen sind und es sagt einem schließlich jeder Arzt: Viel trinken ist wichtig!"

Auf ihrer Suche stoßen Ella und Rudi auf bisher unerforschte weitere Eingänge. Darunter auch eine offen stehende Tür zu einer Ferienwohnung, die in Wirklichkeit eine mittelgroße Gaststätte beherbergt. Hier findet sich sogar ein Billardtisch. Ella ist begeistert, sind doch Billard und Jugendzeit in ihrer Erinnerung eng miteinander verknüpft. Rudi bringt auf diesem Gebiet zwar auch einiges an Erfahrung mit, sei es im Kickern und Flippern oder auch Kneipen-Fußball. Nur der Billardtisch war, blieb und ist für ihn bisher eine vollständig talentfreie Zone! Doch Ella möchte sich die Gelegenheit nicht entgehen lassen und meint, es müsse jetzt einfach sein.

Also werden flink die zehn Schnaps-Kartons vom „Grün" geräumt und schon geht es los. Ella beherrscht das Spiel erstaunlich gut und Rudi versucht, wenigstens seine theoretischen Kenntnisse umzusetzen. Dabei fragt man sich, liegt es nun an den theoretischen Kenntnissen, die wohl eher vom Kugelstoßen stammen, oder krankt es an der Umsetzung? Schon der Eröffnungsstoß, der eigentlich die übrigen Kugeln über den Tisch verstreuen sollte, eiert derartig lahm über den grünen Samt, dass Ella sich zu der Frage hinreißen lässt:

„Soll ich inzwischen schon mal das Mittagessen kochen?"

Erst Rudis fünfter Versuch besitzt endlich genügend Kraft, die bunten Kugeln in Bewegung zu versetzen. Allerdings erzeugt er dieses Mal einen solch heftigen Schwung, dass er seinem Queue gleich hinterher rutscht und die weiße Kugel mit einer derartigen Energie in die übrigen Kugeln einschlägt, dass diese in alle Richtungen auseinander spritzen. Aber damit nicht genug, hopsen sie unternehmungslustig über den Rand des Tisches, zertrümmern nebenher durch einen Volltreffer eine leere Bierflasche und verschwinden laut kollernd, zum Versteckspiel, unter Tische und Schränke. Wieso Ella im weiteren Spielverlauf ihre Kugeln eine nach der anderen elegant versenkt, während seine eigenen in wilden Kurven, bockend und hopsend über den Tisch torkeln, bleibt Rudi ein Rätsel. So schwierig kann das doch nicht sein, denkt er sich und entwickelt plötzlich Ehrgeiz.

Bei dem Versuch, einen im Fernsehen abgeschauten Kunststoß auszuführen, rutscht ihm leider der Stock ab! Also, dieses unangenehme Geräusch zerreißenden Samtes geht Rudi richtig unter die Haut!

Eine Weile darauf sind sie wieder unterwegs auf der Suche nach der legendären Tischtennis-Platte. Rudi stößt zunächst allerdings noch auf die Harley Davidson des Bauern, die er ausgiebig bewundern muss. Diese Gelegenheit nutzt Ella, einen begehbaren Verschlag, in dem sich 8 Wochen alte Jungkatzen tummeln, ausfindig zu machen. Das Schild mit dem Hinweis "zu verschenken" macht Rudi ziemlich nervös und er mustert beim Weitergehen misstrauisch Ellas Umhänge-Tasche.

Schließlich gelangen sie in einen abgesonderten Bereich des weitläufigen Kuhstalls. Hier befinden sich ein paar abgeteilte Quadratmeter mit aufgeschichteten Strohballen zum Herumtollen für Kinder und eine ..., tja ..., ein modernes 3D-Kunstwerk. In früheren Zeiten mag hier eine Tischtennisplatte gestanden haben, doch was Rudi jetzt, von Grausen erfasst, vor sich sieht, kommt eher einem Kunstwerk von Dali nahe. Als Titel würde sich "Transformation" anbieten.

Er schaut auf eine leicht wellenförmig gestaltete, grüne Tafel und ein Gestell, dass man eher eine "Verkrümmung" nennen möchte.

Seufzend versucht er sich als Tischtennisplatten-Monteur. Er untersucht zunächst die Platte und checkt im Anschluss das Gestell. Schon schmiert er hier etwas ab, zieht dort Schrauben nach, biegt das Gestänge zurecht, hämmert Nieten wieder fest und quetscht sich kräftig die Finger!

Aber irgendwie, dem Tischler-Gesellenbrief sei Dank, schafft er es, eine halbwegs standfeste, wenn auch sehr unebene, Platte aufzubauen.

Umgehend tauscht er den Hammer gegen seinen Tischtennisschläger und schon liefern sich Ella und Rudi wilde Ballwechsel. Die Verformung der Platte hat etwas Innovatives an sich. Sie sorgt nämlich für überraschende Abprall-Winkel und unerwartete Flugmanöver des Balls sowie für grotesk wirkende Schläge und Bewegungen der Spieler. Die Flugbahnen des Balls sind unvorhersehbar und stellen die Spieler vor völlig neue Herausforderungen. Nach kurzer Zeit kommt Rudi bereits ordentlich ins Schwitzen und wirft sein T-Shirt auf einen Strohballen.

Ein Schmetterball Ellas springt beinahe senkrecht

von der Platte ab und überfliegt Rudi in hohem Bogen. Da nutzt es ihm auch nichts, dass er mit seinem, den Schläger führenden, viel zu kurzen Arm in der Luft herumwedelt. Der Ball landet auf der Oberkante der 1,60 m niedrigen Betonwand und hüpft weiter in den angrenzenden Kuhstall.

Zum Glück grasen die Kühe zurzeit auf der großen Weide hinter dem Anwesen. Rudi klettert über die Strohballen bis auf Mauerhöhe, setzt sich dort, mit herab baumelnden Beinen auf die Mauerkrone und hopst in den leeren Stall hinunter. Auf dem Rückweg wird er wohl die Route unter den Stromkabeln am Tor hindurch nehmen müssen.

Aber zunächst sucht er die Einstreu nach seinem einzig brauchbaren Tischtennis-Ball ab. Ein kleiner weißer Ball - verschollen in einem Meer von Stroh.

Wie er so gebückt dasteht, wird ihm plötzlich richtig warm um die Nieren. Es ist ein gar nicht mal unangenehmes Gefühl. Nur Ellas über die Trennwand blickende, entsetzt aufgerissene Augen, in Verbindung mit diesem zu einem stummen Aufschrei geöffneten Mund und dazu dann dieses gewaltige Schnauben direkt hinter ihm - das Ganze irritiert Rudi doch ein wenig. Er verharrt wie eingefroren in seiner gebückten Haltung. Erst als ein sehr feuchtes Reibeisen über seine Lenden streicht, dreht er sich im Zeitlupentempo um.

Rudi steht fast „Nase an Nase" mit dem einige

Zentner wiegenden Koloss. Mit schräg gehaltenem Schädel und vorgewölbten, rot geäderten Augen unter einem eindrucksvollen Gehörn fixiert er Rudi. Plötzlich scharrt er mit einer einzigen Bewegung seines mächtigen gespaltenen Hufs ungefähr ein Fuder Heu hinter sich. Rudi muss in diesem kurzen Moment eindringlich an seinen Fliegenkrieg denken. Einer der Unterschiede dürfte darin bestehen, dass der Stier sicher auf eine Klatsche verzichten kann!

Das Muskelpaket begnügt sich jedoch damit, ein feucht-warmes Schnauben von sich zu geben. Rudi versucht inzwischen, sich mit der Geschwindigkeit von etwa einem Zentimeter pro Stunde, unauffällig seitlich davon zu schieben. Der anscheinend mathematisch begabte Stier antwortet mit einer Parallelverschiebung seiner selbst und schiebt zusätzlich noch seine gewaltige Zunge durch Rudis Gesicht. Das fühlt sich an, wie 100er-Schmirgelpapier!

Sehr langsam bewegt sich der schweißtriefende Rudi weiter in Richtung Ausgang. Der sanftmütige Riese folgt ihm, sabbernd und schmatzend, während er seine Feuchtigkeit absondernde Nase hingebungsvoll an Rudis Schulter säubert.

Zentimeter für Zentimeter bewegen sie sich weiter. Rudi würde es jetzt nicht einmal überraschen, wenn der Kraftprotz gleich auch noch leise zu schnurren begänne. Schließlich gelingt es ihm, rückwärts unter dem Elektrodraht durch zu tauchen und so diesem anhänglichen Schmuse-Stier zu entkommen.

Schon wieder so ein kontaktfreudiges Tier! „Glücklicherweise" - würde Rudi an dieser Stelle wohl betonen. Übrigens hätte ihm, als Serien-Bauernhof-Urlauber bekannt sein sollen, dass Bullen oft von der Herde getrennt gehalten werden.

Mittlerweile neigen sich die Urlaubstage ihrem Ende zu und Rudi hat das Tischtennisspielen, ebenso wie das Nordic Walking, von seinem Veranstaltungsplan gestrichen. Es gibt ja genügend andere Dinge, die man hier unternehmen kann. Warum nicht einfach mal nur faulenzen oder Kaffee trinkend in der Sonne sitzen?

Sind es nicht gerade die kleinen Freuden, die den Erholungswert ausmachen?

Sollte er nach sportlicher Betätigung suchen, nun, da gibt es ja immer noch Heerscharen von Fliegen.

Aber so richtig gemütlich auf dem Sofa liegen und ein fesselndes Buch lesen kann eine echte Alternative darstellen - meint jedenfalls Rudi.

Inzwischen hat sich der letzte Urlaubstag eingeschlichen, und Rudi probiert schon mal einige Gepäck-Verstau-Varianten aus. Denn entweder hat sich das Reisegepäck, vielleicht durch das Reizklima angeregt, unkontrolliert vermehrt oder das Auto ist während des Urlaubs eingelaufen. In Anbetracht der teils extremen Regenfälle tippt er auf Letzteres.

Ella nutzt den letzten Urlaubstag sich mit einigen Jugendlichen an der Überraschungs-Tischtennisplatte zu vergnügen. Im Eifer des fesselnden Spiels gelingt es ihr, den rechten Fuß zwischen den Betonboden und den Turnschuh ihres schwergewichtigen Doppel-Spiel-Partners zu platzieren. Ungefähr 5 Minuten später humpelt sie – in Richtung Sofa unterwegs – an Rudi vorbei.

Am nächsten Tag fährt Ella die sechshundert Kilometer, inklusive Stau, Wolkenbruch und sonstige Autobahn-Attraktionen, ohne Ablösung durch bis vor die heimatliche Haustür. Daheim stellt sich schnell heraus, dass sie sich ein typisches Wintersport-Souvenir mitgebracht hat, nämlich einen gebrochenen Fuß!

Aber Rudi ist sich sicher: Den nächsten Urlaub werden sie völlig anders gestalten! Vielleicht reisen sie nach Frankreich, Ellas Familie besuchen. Zum Atlantik ist es von dort auch nicht weit. Und einen Bauernhof mit Reitmöglichkeit, Regengarantie und Heerscharen von munteren Fliegen findet man dort bestimmt auch!

Papier-Reigen

Herr Witzel hat das Flurfenster inzwischen weisungsgemäß weit geöffnet. Unglücklicherweise tummelt sich gerade heute draußen ein sehr böiger Wind. Sollte jemand auf die Idee verfallen, gerade jetzt sein Büro zu lüften, bestünde die Gefahr von heftigen Durchzügen. Dafür würde es sogar schon reichen nur eine Bürotür zu öffnen! Aus diesem Grund verkeilt Rudi vorsichtshalber den weit aufstehenden Flurfensterflügel. Eine durch heftiges Zuschlagen gesprungene Fensterscheibe braucht er heute nicht auch noch.

Er hat sich außerdem gleich den Werkzeugkoffer mitgebracht, um Herrn Wendtalers Bürotür zu reparieren. Rudi klopft an die Tür. Dass auf sein Klopfen niemand reagiert und die Tür abgeschlossen ist, passt Rudi gut. Er mag es nicht sonderlich, wenn ihm bei der Arbeit ständig jemand auf die Finger schaut. Noch lieber sind ihm oberschlaue, aber praktisch absolut nutzlose Ratschläge. Da Rudi in einem Ingenieur-Büro tätig ist, liegt diese Gefahr durchaus nicht fern.

Er zückt seinen Generalschlüssel und schließt auf. Als Nächstes öffnet er die Tür 1-2 cm und schließt sie wieder, um zu testen, wo das Problem liegen könnte. Plötzlich stutzt er. War da nicht eben ein seltsames Geräusch zu hören?

Er öffnet die Tür erneut einen Spaltbreit und lauscht. Jetzt erklingt ein Pfeifen, gefolgt von diesem seltsamen Laut, den er einfach nicht einordnen kann. Er blickt um sich, aber da ist nichts, was dieses Geräusch erklären könnte. Wahrscheinlich liegt die Ursache im Außenbereich, denn das Flurfenster steht ja groß offen. Jetzt pfeift es wieder. Und da lässt sich auch erneut dieses ominöse ... Rudi schießt unvermittelt das Bild eines Vogelschwarms durch den Sinn. Die Vögel sitzen dicht gedrängt auf ihrem Schlafbaum und sind soeben dabei aufzuwachen. Sie dehnen und spreizen ihre Flügel oder putzen ihr Gefieder. Genau das ist es, so ein dezentes Rascheln und Knistern!

Er zieht die Tür heran und das seltsame Geräusch verstummt. Vorsichtig schiebt er sie wieder auf und ein hohles Pfeifen lässt sich vernehmen. Ein paar Millimeter weiter geöffnet und das Pfeifen lässt wieder nach. Dafür dringt erneut dieses ominöse, feine Rascheln aus dem Büro. Er schiebt die Tür noch ein wenig weiter auf. Das Rascheln verstärkt sich. Wird der Schwarm jetzt richtig munter?

Rudis Nackenhaare stellen sich auf. Was geht da in Herrn Wendtalers Büro vor? Er schiebt die Tür noch ein Stück weiter auf. Das Rascheln verstärkt sich zu einem rauschenden Flattern.

Rudi kann sich diese immer stärker anschwellenden Geräusche absolut nicht erklären und ihn erfasst ein leichtes Gruseln. Ein unbestimmtes Gefühl warnt ihn davor, die Tür ganz zu öffnen. Das Unheimliche dieser Situation lässt ihn sogar einen kalten Hauch empfinden.

In diesem Augenblick jault es unter der Tür auf, ein heftiger Windstoß fegt heulend durch den Flur und reißt Rudi die Klinke aus der Hand. Die Tür fliegt auf und enthüllt die grausige Wirklichkeit:

Herrn Wendtalers Papierstapel leben!

Die zuoberst platzierten DIN A4-Blätter haben sich majestätisch in die Luft erhoben. Wellenförmige Bewegungen durchlaufen die Papiere und lassen sie im Windzug höher und höher aufsteigen. Jetzt wird der Vorgang beschleunigt und immer mehr Blätter springen in die Thermik, lassen sich raschelnd mittragen und schrauben sich in die Höhe. In wunderbarer Harmonie winden sie sich in Einzel- und Doppelspiralen in Richtung Decke, gleiten dort seitlich weiter, kippen unter Beschleunigung ab und schwirren aus dem weit geöffneten Fenster hinaus in die Freiheit. Draußen verteilen sie sich ohne jede Ordnung, wild bockend und Loopings drehend, im Gelände!

Rudi ist offenbar einer Lähmung zum Opfer gefallen. Ein Teil seines Gehirns schreit Alarm und fordert Aktion, während die Mehrheit dieser grauen Masse der Faszination des Unglaublichen erlegen ist.

Völlig gebannt beobachtet er, wie der frisch zugeführte böige Luftstrom immer mehr Papieren in die Höhe hilft und ein wilder Blätterreigen durch den Raum tanzt. Das unheimliche Rascheln wirkt hypnotisch. Glücklicherweise greift jetzt sein Handy ein und klingelt ihn in die Wirklichkeit zurück.

Schadensbegrenzung! Nur dieses eine Wort steht in flammenden Buchstaben vor seinem inneren Auge geschrieben. Er stürzt vorwärts, um erst einmal das Fenster zu schließen. Auf Höhe der beträchtlich geschrumpften Boden-Papierstapel rutscht er, auf einigen zwischengelandeten Schriftstücken aus. Er schlittert, im Ausfallschritt und mit den Armen rudernd, zwischen zwei Akten-Haufen hindurch. Nach seiner Passage handelt es sich allerdings nur noch um Häuflein. Er kommt perfekt am Fenster zum Stillstand, richtet sich auf und schmettert es zu.

Der wilde Tanz der Papiere verliert schlagartig seinen Auftrieb und überall im Büro trudeln Schriftstücke abwärts und landen, egal wo sie sich gerade befinden. Rudi schaut sich die Katastrophe an und ihn graust es wahrhaftig bei der bloßen Vorstellung von Herrn Wendtalers Reaktion! Seinem Albtraum ist der Sprung in die Realität gelungen!

Er zermartert sich das Hirn, aber hier ist wohl wirklich nichts mehr zu retten. Eilig begibt er sich dann aber doch noch vor das Haus und sammelt die in Pfützen schwimmenden, in Gebüschen verhedderten und auf feuchten Windschutzscheiben klebenden Schriftstücke ein. Ebenso flink schafft er die malträtierten Unterlagen zurück in das Wendtalersche-Büro. Dort schichtet er auf die Schnelle noch wahllos einige Papiere zu Stapeln und Türmen aufeinander. Hastig rafft er weitere Papiere zusammen und stapelt sie ebenso, ohne jede Ordnung, auf dem Schreibtisch übereinander. Dann huscht er, nach dem erneuten Öffnen des Fensters, aus dem Zimmer. Auch das Abschließen der Tür vergisst er nicht.

Sekunden später hat er in dem kleinen, schräg gegenüberliegenden Kopierraum Stellung bezogen. Kaum, dass er das Licht ausgeschaltet hat, lassen sich gedämpfte Schritte vernehmen. Durch den Türspalt sieht Rudi Herrn Wendtaler vor seiner Bürotür stehen und aufschließen. Dies ist der Augenblick, auf den er gewartet hat. Unauffällig tritt er, mit seinem Werkzeugkoffer bewaffnet, im gleichen Augenblick auf den Flur, in dem Herr Wendtaler seine Bürotür öffnet.

„Na, das passt ja gut", spricht Rudi ihn von hinten an, „ich wollte gerade nach ihrer Tür schauen". Herr Wendtaler zuckt zusammen und dreht sich, die geöffnete Tür in der Hand, um.

„Ach, Sie sind das, ich habe Sie ja gar nicht kommen gehört", meint er. Rudi lauscht und nimmt das leise aber vertraute Rascheln wahr.

„Wie weit sind Sie denn mit der Mietnebenkostenberechnung", fragt er beiläufig. Nicht, dass es ihn wirklich interessieren würde, aber er weiß aus Erfahrung, dass Herr Wendtaler bei diesem Thema unweigerlich ins Reden gerät. Das Rascheln verstärkt sich, während Herr Wendtaler unverzüglich über die aufwendige Berechnung, die noch dazu gar nicht in seinen Aufgabenbereich fällt, schimpft.

Rudi beschwört innerlich alle vier Winde, jetzt eine kräftige Bö vorbei zu schicken. Das Rauschen aus dem Büro verstärkt sich tatsächlich, sogar eindeutige Flatter-Geräusche sind bereits auszumachen. Jetzt stutzt auch Herr Wendtaler und unterbricht abrupt seinen Redefluss. Mit den Worten: "Was ist denn hier drinnen los?", stößt er die Tür weit auf und starrt in sein Allerheiligstes. Rudi tut es ihm, auf Zehenspitzen balancierend und über die Schulter blickend, nach.

Wie schon einmal gesehen, haben sich die Papiere erneut von ihren Türmen erhoben und schicken sich an, einen luftigen Reigen zu vollführen. Auch die angeforderte Windbö stellt sich gerade noch rechtzeitig ein, und das faszinierende Chaos entfaltet sich aufs Neue.

Diesmal ist es jedoch Herr Wendtaler, der einer spontanen Versteinerung erliegt. Einzig seine Augen zeigen noch Aktivität, indem sie aus den Höhlen zu springen drohen. Rudi handelt, bevor Herrn Wendtaler womöglich noch einige Unstimmigkeiten auffallen.

Mit einem Aufschrei stürzt er sich mitten zwischen die flatternden Blätter und hastet in Richtung Fenster. Auf halbem Weg simuliert er einen Ausrutscher, der ihm Gelegenheit bietet, zwei weitere Papierstapel umzupflügen. Bei dem Versuch wieder auf die Beine zu kommen rutscht er, armrudernd und ohne simulieren zu müssen, auf den losen Papieren weg! Dies veranlasst einen zusätzlichen Turm, sich in Auflösung zu ergehen.

Während Herr Wendtaler unverständlich röchelnde Geräusche hervorwürgt, versucht Rudi erneut, auf die Beine zu kommen. Schlitternd und torkelnd bewegt er sich über die rutschigen Papiere in Richtung des Fensters und wirft dieses mit letztem Einsatz zu!

Dann stehen beide, wortlos um sich schauend, in dem Chaos aus bedruckten Din A4-Blättern.

„Ich geh besser mal draußen die Papiere einsammeln", murmelt Rudi und verlässt, vorsichtig die Füße auf Papier-freie Flecken setzend, das Büro. Er hat das deutliche Gefühl, Herr Wendtaler müsse jetzt erstmal innere Einkehr halten und für sich bleiben.

Raubtier-Jagd

Das Jagdhorn schallt! Irgendwo in seiner Hose. Rudi braucht diesmal nur vier Taschen abtasten, und schon ist das Handy aufgestöbert.

„Rudi? Hier Senscheff. Ich verstehe gar nicht, warum einige unserer Mitarbeiter behaupten, Sie seien schwer zu erreichen, bei mir klappt das doch immer problemlos?! Aber was ich eigentlich wollte: Ich muss gleich zum Wasserverband nach Dortmund fahren. Könnten Sie mir den Jaguar noch schnell auftanken?"

„Kein Problem, wann wollen Sie denn los?", fragt

Rudi nach.

„Ich müsste so um halb sechs starten."

Rudi wirft einen Blick auf die Uhr. Es ist 17:30 Uhr. Na wunderbar, da brauch ich mich ja kaum abzuhetzen, denkt Rudi. Er fischt den Jaguar-Schlüssel aus der Schublade und sagt Herrn Senscheff, bereits in Richtung Treppenhaus unterwegs, zu.

Eine Viertelstunde später rauscht Rudi die Tiefgaragen-Abfahrt hinunter und passiert das offenstehende Garagentor. Dank einer, durch ABS -, EPS -, ASR - und sonstiger Hightech unterstützten Vollbremsung, schafft er es genau fünf Zentimeter vor Herrn Senscheffs frisch geputzten Lackschuhen zum Stehen zu kommen..

Herr Senscheff atmet erleichtert aus und es folgt ein Fahrerwechsel, den man in dieser Geschwindigkeit bestenfalls beim 24-Stunden-Rennen von Le Mans geboten bekommt.

Der Boss winkt ihm eben noch grüßend zu, lässt den Sicherheitsgurt einrasten und verlässt rückwärtsfahrend die Garage. Rudi wendet sich ab und bewegt sich in die entgegengesetzte Richtung zum Kellerausgang. Dabei wäre er beinahe über etwas auf dem Boden Stehendes gestolpert. Als er genauer hinschaut, erkennt er eine sehr gediegene Aktentasche. „Das ist doch die Tasche von Herrn Senscheff", denkt sich Rudi, „lässt der jetzt auch schon seine Sachen überall rumstehen? Meistens transportiert er doch wichtige Unterlagen in dieser Tasche und … Oh nein, *wichtige Unterlagen!*"

Rudi angelt nach der Aktentasche, während sein Blick bereits die Situation prüft. Der Jaguar hat inzwischen ein Drittel der lang gezogenen Rampe hinter sich. Mit einem lauten Quietschen setzt sich jetzt das alte Garagentor von oben nach unten in Bewegung. Jetzt gilt es sofort zu handeln - oder gar nicht!

Er entscheidet sich für das Duell:

Mensch kontra Edelkarosse, oder:

Ein Power-Rudi gegen eine Pferde-Stärken-Herde, alternativ auch:

Diesel im Tank vs. Adrenalin im Blut.

Rudi explodiert förmlich. Mit zwei Sätzen erreicht er das bereits zu drei Vierteln geschlossene Garagentor. Mutig wirft er sich seitlich rollend durch die verbleibende Lücke. Im Vordergrund hört er den Jaguar beschleunigen und ist, trotz leichter Abschürfungen am Ellenbogen und Herrn Senscheffs Lieblingstasche, direkt wieder auf den Beinen. Er nimmt die lang gezogene Auffahrt jetzt voll im Sprint! Da Herr Senscheff rückwärts die enge Boxengasse hochfährt und oben noch rangieren muss, um in die kleine Straße einzufädeln, holt Turbo-Rudi tatsächlich kräftig auf. Beinahe hat er die Raubkatze im Spurt erreicht. Ganze drei Meter trennen ihn noch!

Verflixt, denkt er, warum schaut der Boss nicht mal zu meiner Seite! Verzweifelt versucht er seine letzten Reserven zu mobilisieren. Da gibt die "amerikanische Großkatze mit sechs Buchstaben" ein Motor-Fauchen von sich und macht einen Satz auf die Straße. Rudi ist eindeutig geschlagen und torkelt nur noch, vom eigenen Schwung weiter getrieben, vorwärts.

Doch da geschieht das Wunder. Ein vom Schicksal gesandter Autofahrer setzt sich, rückwärts ausparkend, direkt vor Herrn Senscheffs Kühler und zwingt ihn dadurch zu einem nicht eingeplanten Zwischen-Stopp. Der Abstand zwischen Rudi und dem Jaguar dürfte jetzt bei 25 Metern liegen. Rudi nutzt gedankenschnell die Gelegenheit und beschleunigt erneut.

Ein weiterer Pkw-Fahrer schiebt sich, unter Missverstehen der Situation, aus der gegenüberliegenden Park-Bucht ebenfalls auf die Straße. Er animiert dadurch die übrigen KFZ-Insassen zu allgemeinen pantomimischen Darbietungen. Zugleich schenkt er Rudi damit eine weitere Chance.

Unter Aufbietung letzter Reserven fegt Rudi heran, findet zielsicher den Kofferraumknopf und wirft die Tasche in den sich öffnenden Spalt. Inzwischen hat Herr Senscheff, durch überlegenes Hupen, die Park-Chaoten beiseite gescheucht und startet erneut durch. Rudi kann gerade noch die Kofferraumklappe zuknallen und muss darauf vertrauen, dass die

Ledertasche von hoher Qualität ist. Denn einer ihrer Tragegriffe schaut, lustig im Fahrtwind wippend, unter der Kofferraumklappe des davonbrausenden Jaguars hervor.

Rudi ist völlig ausgepumpt. Nicht einmal der von einigen stehen gebliebenen Passanten gespendete Applaus, dringt bis in sein Bewusstsein vor. Er steht mitten auf der Fahrbahn und ringt keuchend nach Luft. Das Hupkonzert zum 2. Akt setzt ein und er schleppt sich mühsam zurück. Als er wieder halbwegs erholt die Tiefgarage betritt, begegnet er dort einer leicht desorientiert wirkenden Frau Fix-Carrier.

„Rudi, gut, dass ich Sie hier treffe ...", sie stutzt, „ wie sehen Sie denn aus? Man könnte glauben, Sie hätten einen 1000-Meter-Lauf hinter sich!"

„Nein, es war nur ein 100-Meter-Sprint. Ich habe nämlich ein Wettrennen mit Herrn Senscheff veranstaltet – nur dass er im Auto saß und nichts davon wusste! Aber lassen wir das. Welches Problem treibt Sie denn um?"

„Äh, Wettrennen ...? Ja, also, ich suche die Aktentasche von Herrn Senscheff. Er wollte sie hier in der Garage abstellen, damit ich sie mit nach Hause nehmen kann. Wir haben noch einen Termin heute Abend, und da brauch ich die Unterlagen dringend. Aber jetzt finde ich sie nirgendwo!"

Rudi erblasst und ihm wird plötzlich ganz schwindelig. Das darf doch nicht wahr sein! Er überlegt kurz, ob er sich einfach dumm stellen und behaupten soll, er habe Herrn Senscheff vor der Abfahrt noch den Kofferraum zu schlagen sehen. Dann würde der Boss zwar ernsthaft an seinem Verstand zweifeln, aber er ist immerhin über siebzig, da schadet so ein bisschen Selbstzweifel doch sicher nicht?

Natürlich erwägt er diese Variante nicht ernsthaft. Dafür ist er eine viel zu ehrliche Haut und außerdem mag er seinen Boss. Also beichtet er seinen Sondereinsatz und Frau Fix-Carrier ist dadurch auch beruhigt. Sie wird Herrn Senscheff anrufen und ihn informieren. Wozu gibt es schließlich Handys.

Sabotage-Sauger

Rudi fühlt sich etwas abgeschlafft und beschließt es für heute genug sein zu lassen. Er macht sich noch schnell ein paar Notizen, räumt seinen Schreibtisch auf, packt seine Aktentasche und macht sich auf den Heimweg. Er schafft es sogar bis ins Treppenhaus. Doch fünf Stufen vor dem Sicherheit verheißenden Ausgang wird in seinem Rücken eine Tür aufgerissen und eine keifende Stimme springt ihn von hinten an:

„Rudi, hallo Rudi, können Sie mal gucken kommen?"

Diese scheinbare Frage klingt akustisch allerdings eher nach einem Befehl und Rudi wendet sich schicksalsergeben um. Natürlich kennt er diese Stimme und ihm schwant nichts Gutes. Bevor er sich noch ganz umgedreht hat, wird er von einem hektischen Wortschwall überschüttet.

Frau Wichtel, eine kleine drahtige Person, die seit 30 Jahren die wichtigsten Schreibtische unter ihrem Staublappen hat, gilt als vernunftresistent und streitbereit. Rudi weiß um ihr aktuelles Problem, welches darin besteht, dass die zusätzlich frisch eingestellte Kollegin von Rudi einen neuen Staubsauger ausgehändigt bekam. Nach Auffassung von Frau Wichtel hätte der neue Staubsauger ihr zugeteilt werden müssen, woraufhin sie ihr gebrauchtes Sauggerät dann huldvoll an die "Neue" übergeben hätte.

Wie Rudi aus informierten Kreisen zugetragen wurde, steht Frau Wichtel möglicherweise kurz vor einem Amoklauf. Es hat wohl schon dramatische Auseinandersetzungen um den neuen Staubsauger gegeben, weil Frau Wichtel Rudis vermeintliche Fehlentscheidung zu korrigieren suchte, indem sie kurzerhand die Staubsauger austauschte.

Aus Frau Wichtels Blickwinkel reichte selbst eine solche Tatsachenentscheidung diesem widerborstigen Unmenschen Rudi nicht. Er wagte es, den moralisch und ethisch geforderten Tausch rückgängig zu machen. Er verstieg sich, in seiner Verblendung, sogar soweit Frau Wichtel zur Ordnung zu rufen.

Aber so leicht würde Jeanne Wichtel-d´Arc sich dem Bösen nicht beugen! Sie bemächtigte sich nächtens, ohne viel Federlesens, des fehlvergebenen Staubsaugers und versteckte ihn sorgsam vor ihrer neuen Kollegin.

Allerdings mündete diese Selbsthilfe-Aktion nur in eine zusätzliche, erbitterte Streiterei mit ihren übrigen Kolleginnen, die durch den Verlust ebenfalls beeinträchtigt wurden. Die entstandene Staubsauger-Lücke ließ sich nur durch den dauernden Verleih ihrer eigenen Geräte überbrücken, was einen hohen Abstimmungsaufwand erforderte.

Es dauerte volle zwei Tage, bis Rudi das Versteck ausfindig gemacht und das "Entführungsopfer" wieder seiner Bestimmung zugeführt hatte. Er operiert also in offenem Kriegsgebiet! Mit erzwungener Ruhe unterbricht Rudi den Monolog.

„Frau Wichtel, jetzt bitte mal langsam und kurz: Worum geht es?"

Frau Wichtels Redestrom gerät ins Strudeln, und sie verschluckt sich an ihren eigenen Worten. Der folgende lebensbedrohlich wirkende Hustenanfall wird von Rudi gnadenlos ignoriert und interessanterweise melden sich auch weder der Ersthelfer noch der Sicherheitsbeauftragte. Selbst Rudis empfindliches Gewissen scheint gerade anderweitig beschäftigt zu sein. Dafür ringt er ihr in einer Hustenpause die Information ab, dass ihr Staubsauger defekt sei.

„Was macht er denn?", erkundigt sich Rudi.

„Nichts", erfolgt die präzise Antwort.

„Aha, ist die Stromversorgung unterbrochen?", bohrt Rudi nach.

„Weiß nicht, er saugt nicht!" Frau Wichtel gibt sich ungewohnt wortkarg.

„Leuchtet das kleine Lämpchen?" Rudi lässt nicht locker.

„Was´n für´n Lämpchen? Der hat gar keins." Frau Wichtel verschränkt die Arme vor der Brust. Mittlerweile hat der gemeinsame Spaziergang sie zum Ende des Flurs geführt, an dem das streikende Gerät lauert.

„Bitte sehr, es leuchtet nix", stellt Frau Wichtel mit einem Hauch von Häme fest.

Rudi betätigt probehalber den Schalter. Es rührt sich in der Tat nicht das Geringste. Rudi meint, ein triumphierendes Lächeln über das Gesicht von Frau Wichtel huschen zu sehen. Er verfolgt den Weg, des sich in Richtung Steckdose windenden Stromkabels, mit den Augen. Es scheint zwar alles in Ordnung zu sein, doch sein Instinkt und die kürzlich bei Herrn Wendtaler gemachte Erfahrung warnen ihn. Vorsichtshalber folgt er den Kabelwindungen zu ihrem Ursprung in der Steckdose. Und siehe da, ein leichtes Stupsen des Steckers sorgt dafür, dass dieser richtig in die Steckdose rutscht und der Sauger mit einem lauten Aufheulen reagiert.

Frau Wichtel zeigt keinerlei Erstaunen, eher wirkt sie enttäuscht.

„Mir scheint, er tut es wieder und die Leuchten glimmen auch munter vor sich hin", stellt Rudi fest.

„Eine leuchtet rot! Da, die da unten, die ist ganz rot! Ich sag es doch, der ist kaputt!", stößt Frau Wichtel gehetzt hervor. Rudis Augenbrauen treffen sich in Höhe seiner Nasenwurzel, während seine Augen Frau Wichtel fixieren.

„Dieses rote Lämpchen ist die Anzeige für einen vollen Staubbeutel, vielleicht sollten sie den einmal wechseln!?"

„Ach so? Das wusste ich gar nicht", erwidert sie schnippisch.

Rudi schenkt sich, aufgrund akuter Sinnlosigkeit, die Frage, wie Frau Wichtel seit fünf Jahren mit einem einzigen Staubbeutel ausgekommen ist.

Dafür dreht Frau Wichtel jetzt allmählich auf und überschüttet Rudi mit einer Flut von Beschwerden über Ihren Staubsauger. Angenommen jemand verfiele auf die Idee, die Erzählungen von Frau Wichtel ernst zu nehmen, er müsste zwangsläufig zu einer echt schockierenden Erkenntnis gelangen: Dieser, von Boshaftigkeit beseelte Staubsauger, habe es sich zur Aufgabe erkoren, der bemitleidenswerten "Dame vom Tuch" ein mühevolles Leben mit langem Siechtum und abschließender Todesfolge zu bescheren.

Rudi reicht es nun langsam, und er erklärt der guten

Frau, dass er keinen Fehler feststellen kann.

„Aber er saugt nicht! Ich brauche einen Neuen! Warum kriegt hier jede Kollegin einen neuen Staubsauger, nur ich nicht", keift sie los.

„Weil so ein Staubsauger fast 1.000,- € kostet", klärt Rudi sie auf.

Während Frau Wichtel noch über die Böswilligkeit bestimmter Leute in der Verwaltung lamentiert und ihr dazu die absurdesten Vorwürfe einfallen, dringt Rudi kurz entschlossen in den nächsten Büroraum ein. Zurück auf dem Flur, öffnet er den entwendeten Locher und verstreut schwungvoll das „Büro-Konfetti" auf dem Boden. Frau Wichtel steht, mit vor Verblüffung offenem Mund, da und beobachtet Rudis merkwürdige Aktivitäten.

Auch Herr Senscheff, der anscheinend wieder aus dem Nichts aufgetauchte Firmenchef, hat einige Meter entfernt Position bezogen und verfolgt interessiert die Darbietung. Leicht irritiert fragt Rudi sich, ob Herr Senscheff etwa über die Gabe der Teleportation verfügt? Es ist überhaupt sehr merkwürdig, dass er derart präzise und vorwarnungslos immer dort auftaucht, wo man ihn gerade am allerwenigsten treffen möchte. Deutet das nicht auf Telepathie hin? Verschwommen erinnert er sich auch, heute schon einmal über die "Non-Human"-Frage, mit Bezug auf den Chef, nachgedacht zu haben!

Aber zunächst ist er seinem Publikum die Saugvorführung schuldig. Er schaltet den Staubsauger ein und ruft Frau Wichtel zu:

„So, jetzt starten wir den ultimativen Test! Wenn ihr Sauger diese Papierschnipsel aufsaugen kann, ist er völlig in Ordnung!" Er kurvt siegessicher mit der Elektro-Bürste über die „Locher-Schnipsel" hinweg.

Frau Wichtel ist verstummt und macht jetzt einen sehr gespannten Eindruck. Aber dieses Mal ist es an Rudi, verblüfft zu sein. Der Staubsauger erzeugt zwar einen enormen Schallpegel, nur vom Aufsaugen der Schnipsel kann keine Rede sein.

Der Firmengründer dreht kopfschüttelnd ab und schreitet, in Richtung Ausgang, den Flur hinunter.

„Jetzt sehen sie es", kräht Frau Wichtel und hüpft, als sei sie das Double von Rumpelstilzchen, auf einem Bein herum, „er saugt doch nicht!"

Rudi unterzieht den Sauger erneut einer gründlichen Überprüfung. Dabei fällt ihm noch die Reinigungsklappe unter der Elektrobürste ein.

Frau Wichtel, die ihn schon die ganze Zeit über mit Argusaugen beobachtet, schrumpft jetzt irgendwie zusammen. Rudi hat sogar das nebelhaft-unsinnige Gefühl, sie träfe Anstalten, sich unauffällig davon zu schleichen. Nachdem Rudi mit einiger Mühe endlich die Klappe geöffnet hat, findet er den Innenraum mit klein gerissenem Zeitungspapier total zugestopft vor.

Ungläubig dreht er sich langsam zu Frau Wichtel um, doch von der Dame ist weit und breit nichts mehr zu sehen! Nur auf der inzwischen dunklen Straße lässt sich ein einzelnes Fahrrad-Rücklicht ausmachen, welches sich zügig entfernt und sich dann im Dämmerlicht verliert.

Rudi wendet sich vom Fenster ab und beschließt, es für heute genug sein zu lassen. Er vervollständigt sich noch durch das Aufnehmen seiner Aktentasche und tritt kurz darauf auf die regenfeuchte Straße hinaus.